新时代中国式现代化基层党建实践丛书

- 华中科技大学华中智库重大专项"新时代文明实践中心建设：成效、问题与建议"（项目编号：2021HZZK001）成果
- 华中科技大学铸牢中华民族共同体意识研究专项"马克思主义民族理论中国化的历史与经验研究"（项目编号：2021ZLXJ007）成果

高质量发展如何铸就

新时代企业党建典型案例

主　编 ◎ 岳　奎
副主编 ◎ 王　锐　杨可心　翁俊芳

华中科技大学出版社
http://press.hust.edu.cn
中国·武汉

图书在版编目(CIP)数据

高质量发展如何铸就:新时代企业党建典型案例/岳奎主编.—武汉:华中科技大学出版社,2023.10
(新时代中国式现代化基层党建实践丛书)
ISBN 978-7-5680-9642-3

Ⅰ.①高… Ⅱ.①岳… Ⅲ.①中国共产党-企业-党的建设-案例 Ⅳ.①D267.1

中国国家版本馆 CIP 数据核字(2023)第 110778 号

高质量发展如何铸就——新时代企业党建典型案例　　　　　　　　　　　　岳　奎　主编
Gaozhiliang Fazhan Ruhe Zhujiu——Xinshidai Qiye Dangjian Dianxing Anli

策划编辑：周晓方　杨　玲	
责任编辑：王晓东	
封面设计：廖亚萍	
责任监印：周治超	
出版发行：华中科技大学出版社(中国·武汉)	电话：(027)81321913
武汉市东湖新技术开发区华工科技园	邮编：430223
录　　排：华中科技大学惠友文印中心	
印　　刷：武汉科源印刷设计有限公司	
开　　本：787mm×1092mm　1/16	
印　　张：13.75　插页：1	
字　　数：290 千字	
版　　次：2023 年 10 月第 1 版第 1 次印刷	
定　　价：49.90 元	

本书若有印装质量问题,请向出版社营销中心调换
全国免费服务热线：400-6679-118　竭诚为您服务
版权所有　侵权必究

内 容 简 介

企业党建是中国共产党基层党建的重要工作领域。党的十八大以来，各地各国有企业赓续红色血脉、传承红色基因，把国有企业打造成为党和国家最可信赖的依靠力量，成为我们党赢得具有许多新的历史特点的伟大斗争胜利的重要力量。非公企业组织党建工作取得显著成效，党对非公经济领域的全面领导不断加强，重点企业、重点区域党的组织和工作实现全面覆盖，党组织促进企业健康发展、团结凝聚职工群众的引领作用有效发挥，党在非公经济领域的阶级基础、群众基础不断厚植。实践证明，"党建工作抓实了就是生产力，抓好了就是凝聚力，抓细了就是竞争力"。在全面建设社会主义现代化国家、以中国式现代化全面推进中华民族伟大复兴的新征程上，高质量党建能有效引领并铸就企业高质量发展。因此，《高质量发展如何铸就——新时代企业党建典型案例》一书收录了近年来湖北、山西、云南等地科技、建筑、医药、交通、证券、银行等极具代表性的各类所有制企业党建方面的最新素材与典型案例。这些企业在实践中以中央有关精神为指引、以问题为导向摸索出了许多党建创新做法、提炼了许多党建新品牌、总结了许多党建新模式，深刻概括了推动党建引领企业高质量发展方面的理论思考和实践经验，对于新时期进一步提升各类企业发展质量、党建质量，提升企业领域基层党组织组织力、厚植党的执政根基并稳固党的长期执政基础具有十分重要的理论和现实意义，供企业党建领域研究者和相关党务工作者等读者参考借鉴。

前　言

中国式现代化的实现离不开企业的高质量发展，企业的高质量发展离不开党的全面领导和党的建设保驾护航。党的建设工作全覆盖，要求就是哪里有组织或企业，哪里就要有党员，有党的组织，有党对群众和职工的引领、带领，对群众和职工的服务、教育。党的基层组织建设，是党的建设新的伟大工程的基础。其中，企业党建是基层党建的重要组成部分，也是实现高质量发展的重要政治保障。高质量党建引领高质量发展，高质量发展保障高质量党建，是一项互利共赢的重大工程。

我国企业党建伴随着企业的萌芽发展而探索推进，经过四十多年的改革开放，企业党建在全面建设社会主义现代化国家新征程中持续加强。党的十八大以来，党和国家持续高度重视企业经济发展和企业党建工作，党中央先后印发或颁布了《关于加强和改进非公有制企业党的建设工作的意见（试行）》（2012年）、《中国共产党国有企业基层组织工作条例（试行）》（2020年）、《关于中央企业在完善公司治理中加强党的领导的意见》（2021年）等重要文件。中央组织部先后针对各领域各行业企业召开专题会议，于2012年在北京召开全国非公有制企业党的建设工作会议，2016年在厦门召开全国园区非公企业党建工作座谈会，同年在北京召开全国国有企业党的建设工作会议，2018年会同中央网信办在深圳召开全国互联网企业党建工作座谈会等，加强对企业党建工作的指导，对抓好企业党建工作作出重要部署和规划。习近平总书记多次作出重要指示批示，多次深入企业调研指导，特别是主持召开民营企业座谈会、企业家座谈会，阐明了新时代企业党建一系列根本问题，对企业经济发展和企业党建工作指方向、强定力、增信心，为新时代企业加强党的建设和深化改革发展提供了根本遵循和行动指南。

2023年3月16日，中共中央、国务院印发了《党和国家机构改革方案》，提出组建"中央社会工作部"，作为党中央职能部门。该部门主要负责统筹推进党建引领基层治理和基层政权建设，统一领导全国性行业协会商会党的工作，协调推动行业协会商会深化改革和转型发展，指导混合所有制企业、非公有制企业和新经济组织、新社会组织、新就业群体党建工作，指导社会工作人才队伍建设等，并将中央和国家机关工作委员会、国务院国有资产监督管理委员会党委归口承担的全国性行业协会商会党的建设职责等划入中央社会工作部。与此同时，省、市、县级党委组建社会工作部门，相应划入同级党委组织部门的"两新"工委职责。这是企业党建尤其是非公党建和"两新"党建归口管理部门的重大调整，将促进社会组织、企业和市场参与社会工作，进一步丰富社会服务供给方式，提升服务效率和服务质量，支持和引导各方共同参与社会工作。目前，我国企业和市场在社会工作领域的参与程度较低，而中央社会工作部的成立将激发企业和市场参与社会工作的积极性和创造性。这对于提高企业党建工作专业化水平和发展质量，增

I

强社会工作服务能力、提高社会治理水平具有重要意义。中央社会和工作部的成立释放了重要信号,党和国家会更加重视企业党建工作科学化、规范化、高质量发展。

企业类型丰富多样,其中非公有制企业和国有企业是两大重要主体。非公有制企业是发展社会主义市场经济的重要力量。非公有制企业的数量和作用决定了非公有制企业党建工作在整个党建工作中越来越重要,必须以更大的工作力度扎扎实实抓好。国有企业是中国特色社会主义的重要物质基础和政治基础,是我们党执政兴国的重要支柱和依靠力量。坚持党的领导、加强党的建设,是我国国有企业的光荣传统,是国有企业的"根"和"魂",是我国国有企业的独特优势。

在全国国有企业党建工作会上,习近平强调"坚持党对国有企业的领导是重大政治原则,必须一以贯之;建立现代企业制度是国有企业改革的方向,也必须一以贯之。中国特色现代国有企业制度,'特'就特在把党的领导融入公司治理各环节,把企业党组织内嵌到公司治理结构之中,明确和落实党组织在公司法人治理结构中的法定地位,做到组织落实、干部到位、职责明确、监督严格"。我们要深入领会习近平总书记关于企业党建的重要讲话和精神,以更高的标准、更实的举措推动企业党建工作和业务工作深度融合,不断把党建优势转化为发展优势。

湖北高水平高科技企业众多,在建设全国构建新发展格局先行区中勇挑大梁,各企业在实践中摸索出了许多党建新做法、提炼了许多党建新品牌、总结了许多党建新经验,深刻概括和总结优秀企业在推动党建引领企业高质量发展方面的实践经验,对于进一步提升企业发展质量、党建质量,提升基层党组织组织力,厚植党的执政根基、稳固党的长期执政基础具有重要理论和现实意义。华中科技大学马克思主义学院精心谋划了《高质量发展如何铸就——新时代企业党建典型案例》一书,该书主要收录了企业党建方面的鲜活素材、典型案例。

为此,华中科技大学马克思主义学院专门组织了专题学术研讨会和优秀党建案例评选活动,为书籍撰写提供了扎实的学理支撑和一手素材。2022年5月13日,华中科技大学马克思主义学院主办"新时代党的建设创新实践学术研讨会 国有企业党建专题",来自建筑、能源、地铁、银行等系统的中建三局第一建设工程有限责任公司、国电长源电力股份有限公司、湖北能源集团新能源发展有限公司、武汉地铁集团、中国银行湖北省分行、招商银行武汉分行、武汉中慧文化发展有限公司、红舰智库等多家企业和智库单位共聚喻家山探讨企业党建赋能企业发展、企业党建品牌化发展、党建与业务深度融合等重要议题,为高质量党建引领高质量企业发展提供了许多来自一线的真知灼见和鲜活案例。2022年10月25日,湖北省新时代文明实践研究院、华中科技大学党建研究中心、《党员生活》杂志社联合举办的首届新时代企业党建创新案例评选活动收到了全省大量企业投来的优秀党建案例,最终经过重重筛选和专家评比,共有23份优秀作品脱颖而出。其中,长飞光纤光缆有限公司的"热干面"工作法、中建铁路投资建设集团有限公司的"1+2"党员先锋工程、中建三局第一建设工程有限责任公司的"两化三型"党建工作模式党建案例荣获一等奖,中铁大桥局、中建三局三公司、国网山西省电力公司长治市潞州区供电公司等9个单位申报的党建案例获得二等奖,武汉博宏建设集团有限公司、武汉市汉阳区市政维修工程一队、天风证券等11家公司申报的党建案例获得三等奖。这些案例很大程度上代表了湖北在企业党建铸就企业高质量发展方面的新理念、新做法和新经验。

高质量发展如何铸就是值得大家关注的一个重要的命题,亟须从理论和实践方面深入探索。如何把党的政治建设优势转化为企业把关定向能力,如何把党的领导优势转化为企业科学决策能力,如何把基层党建优势转化为企业凝心聚力能力,如何推动党建工作优势向企业高质量发展能力转化,是企业党建铸就高质量发展需要解决的几大重要问题。实践证明,"党建工作抓实了就是生产力,抓好了就是凝聚力,抓细了就是竞争力"的理念逐渐在企业上下深入人心、落地生根。总的来说,把党的建设与生产经营有机融合是企业党建的生命线,只有找准发挥作用的切入点,才能做到以高质量党建引领并铸就高质量发展。党中央及地方各级党组织的关心关注和党建工作本身的助力赋能,引领着企业在正确的航向上行稳致远。

目　　录

第一篇　企业党建品牌类 … 1
创新工作方法和配套绩效考核,推动党建与业务有效融合 … 3
打造"1+2"党员先锋工程,弘扬先行文化,凝心聚力推动高质量发展 … 14
"两化三型"助推国企党建工作创新发展
　　——中建三局一公司党建品牌实践与探索 … 25

第二篇　企业党建创新类 … 39
发挥品牌引领作用,提升党建工作质效
　　——"桥头堡·党建"品牌的实践与探索 … 41
画好思想同心圆,激发支部堡垒战斗力 … 52
坚定不移将"先锋11365"党建品牌推向新境界 … 61
"红色轻骑兵"党建创新案例 … 68
"警路企"支部联建,合力共赢促发展
　　——"警路企·同心圆"党建品牌 … 84
"三个三"擦亮云南片区项目"冲上云滇"党建品牌 … 93
党建+红色联盟,点燃高质量发展新引擎 … 103
"三融合三服务"凝聚高质量发展合力 … 113
用活"党建+联创共建",打造一流高铁工程 … 121

第三篇　企业党建特色类 … 131
党建引航:用"劳模精神"激发企业发展动能 … 133
发挥先锋作用,凝聚红色力量 … 140
天风证券"四个融入"党建工作法,引领金融企业高质量发展 … 145
克难在堡垒,担当在项目 … 155
"四服务一提升",推动大健康产业高质量发展 … 160
一路"红心"铸就幸福坦途
　　——"红帆党总支" … 167
"红色护航线"党建品牌 … 173
着力推进"三个融合",以党组织引领企业文化建设
　　——国企党组织引领企业文化建设实践与探索案例 … 180

"四个三"工作法,强化项目党支部书记履职能力 ………………………… 188
以科技强党建,以服务践初心
　　——数字化党建提升党建活力 …………………………………… 197
党员"1＋N"新模式:打通基层党建"最后一公里" …………………… 201

参考文献 …………………………………………………………………… 206

后记 ………………………………………………………………………… 207

第一篇

企业党建品牌类

创新工作方法和配套绩效考核，推动党建与业务有效融合

长飞光纤光缆股份有限公司是全球领先的光纤预制棒、光纤、光缆及综合解决方案提供商。自2016年起，公司核心产品的市场份额连续6年保持全球第一。在股权结构上，公司属于中外合资企业，党组织类型归属于非公有制经济组织和社会组织中的党组织。

近年来，公司党委坚持以习近平新时代中国特色社会主义思想为指导，按照上级党组织的整体工作部署和要求，不断推进基层党组织标准化、规范化建设，积极开展党建创新项目，为业务健康发展注入"红色基因"，为公司快速发展奠定"如磐基石"。

为建强基层党组织，推动党建与业务有效融合，公司党委经过顶层设计，总结和提炼出"热干面"党建工作法，制定了落地的举措和配套的绩效考核方案，并将考核方案进行量化、电子化，从而构建了企业党建工作的管理系统。通过支部积分和党员个人积分的牵引，提升了企业的经济效益和社会公益。通过积分制绩效考核和排名模式，肯定先进，鞭策后进，公司内部形成了比、学、赶、帮、超的良好氛围，引导全体党员齐步向前走。

一、案例背景

（一）落实新时代党建工作的需要

党的十八大以来，以习近平同志为核心的党中央，对建强基层党组织作出了一系列重要部署和安排。2017年10月18日，习近平总书记指出：要把基层党组织建设成为坚强战斗堡垒，把党中央提出的重大任务转化为基层的具体工作，抓牢、抓实、抓出

成效。

在《中国共产党支部工作条例(试行)》中,明确指出了非公有制经济组织中的党支部重点任务:引导和监督企业严格遵守国家法律法规,团结凝聚职工群众,依法维护各方合法权益,建设企业先进文化,促进企业健康发展。

公司党委严格落实党中央对建强基层党组织的各项要求和《中国共产党支部工作条例(试行)》中的重点任务,不断推进党建与业务有效融合,以"干好党建、干好业务、干出成效"为方向,把党建工作抓牢、抓实,做到"接地气",以高质量党建引领企业高质量发展。

(二)解决企业党建实际问题的需要

公司党委在抓基层党建过程中,遇到了以下三个实际问题:

①党建工作内容繁杂、重点不突出,新任党务工作者难上手;②党建与业务融合性差,"两张皮"现象严重;③党建工作产出不清晰,绩效考核难量化。

针对上述问题,公司党委积极探索,以服务企业未来战略和高质量发展为长远目标,既要落实好非公有制经济党组织的重点任务,又要解决企业党建遇到的实际问题,总结和提炼出长飞党建工作法,制定落地的细化举措和配套的绩效考核方案,实现绩效考核的电子化,推动党建与业务的有效融合。

二、实施目标

公司党委组建了长飞党建创新项目组,由党委副书记担任项目经理,各支部书记和IT工程师作为项目核心工作人员加入项目组。项目组经过讨论,提出了以下项目目标:

通过党建创新项目的立项和1年的实施周期,梳理企业党建重点工作,提炼出长飞党建工作法,为公司今后党建工作的开展在理念上、方向上提供有效的指引。

制定落地的细化举措和配套的绩效考核方案,形成党建与业务有效融合的做法,解决企业党建遇到的3个实际问题。

导入智慧党建云平台减少党务工作者的手工作业量,提升党员学习体验。

通过党建绩效考核的量化和电子化,公司党建从定性管理走向定量管理;通过绩效考核积分排名模式,肯定先进、鞭策后进,公司内部形成"比、学、赶、帮、超"的良好氛围,推动公司党建管理迈上一个新台阶。

三、实践路径

(一) 总结和提炼长飞党建工作法

公司党委根据中外合资企业党建工作的实际特点,总结和提炼出长飞党建"热干面"工作法:"热"就是热爱中国共产党、热爱祖国、热爱企业;"干"就是干好党建、干好业务、干出成效;"面"就是面向战略、面向文化、面向品牌,把党建工作融入职工思想教育、生产管理、技术创新、企业文化、社会责任等各个方面,实现党建与业务相互融合、共同促进,引领企业不断做大、做强。

1. 激发党员"热爱中国共产党、热爱祖国、热爱企业"的热情

将习近平新时代中国特色社会主义思想、党史、企业精神等内容的学习教育纳入年度支部重点工作,通过升国旗、唱国歌、参观红色教育基地以及支部主题党日学习等方式,对党员进行政治思想教育,在党员思想上把好"总开关"。

2. 树立"干好党建、干好业务、干出成效"的理念

长飞公司是一家高科技企业,党支部的战斗堡垒作用和党员的先锋模范作用,主要表现在党员对科技攻关项目、公司战略项目的贡献,党支部与大客户开展党建共创项目等方面。通过对这些项目的策划,党支部就将党建工作和业务工作有机结合起来了;通过对这些项目的有效管理和执行,从而使项目出成果、见成效。

3. 坚持"面向战略、面向文化、面向品牌"的方向

面向战略指根据企业战略,培养出适应未来发展的战略人才,引导公司党员在战略项目上多做贡献、号召党员为公司的战略发展献计献策;面向文化指党员在公司和社会上需要弘扬正能量的文化;面向品牌指鼓励各支部进行大胆创新,开展差异化的党建工作,打造有特色的党建品牌。

长飞"热干面"党建工作法的总结和提炼,为公司党建工作的开展在理念上、方向上提供了有效的指引。

(二) 制定落地的细化举措和配套绩效考核方案

为了将长飞党建工作法落地,公司党委细化出具体的举措,制定了配套的绩效考核和奖励方案,构建了持续改进的机制。党支部的绩效考核包括:年度考核指标、月度考核指标、一票否决项。党员个人绩效考核包括:党内表现打分、业务表现打分、年度综合绩效分数。支部和党员个人的积分排名,与"七一"评先评优、民主评议党员、年度积分优秀支部和优秀党员表彰等结合起来。具体的落地举措如下。

1. 与大客户开展"党建和创",构建立体客户关系

自2021年5月以来,由公司党委牵头组织,各支部与大客户纷纷开展党建和创活动,构建立体的客户关系。目前已签订党建和创协议的,有5家大客户。公司与客户双方以"党建和创"主题实践活动为平台、以共建共享为基础、以合作共赢为目标,积极拓展基层党组织功能,在思想上实现了同频共振,在业务上实现了合作共赢,如图1、图2所示。

图1 (长飞与大客户)党建和创活动启动仪式

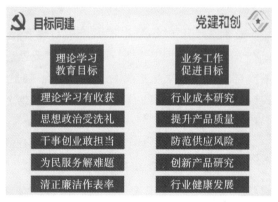

图2 两个工作目标

2. 成立党员科技攻关先锋队,解决"卡脖子"技术问题

长飞公司是一家高科技企业,公司党委提出:党员先锋模范作用的核心应表现在科技攻关方面,帮助国家、行业、企业解决"卡脖子"技术问题。公司5个党支部,就有4个党支部在2021年初申报了党员科技攻关项目。每年"七一"的公司全体党员大会上,由公司党委书记对每个项目团队进行授牌,开展座谈、交流,鼓舞和激发广大党员勇攀科技高峰,在科技自立自强方面不断涌现新的成果。

3. 成立党员志愿者服务队,履行企业社会责任

在2020年新冠疫情期间,公司党委牵头组建了党员志愿者服务队,持续开展社会公益活动。每年,公司党委组织志愿者服务队到武汉及武汉周边的学校、敬老院、社区、退役军人关爱协会等处开展献爱心活动,履行企业的社会责任。每个月,公司党委对各个支部或支部党员个人的好人好事都以积分给予肯定,持续弘扬正能量的企业文化。

4. 发挥工会的桥梁与纽带作用,增强职工群众凝聚力

工会组织是公司党委与普通群众之间的"桥梁"和"纽带"。公司党委注重发挥工会的作用,以增强职工群众的凝聚力。如:工会通过与股东签订集体劳动合同(《集体合同》)来维护职工合法权益(图3);每半年召开一次员工恳谈会,公司管理层现场办公,解决一线员工的困难(图4);工会对困难职工、因病住院职工开展上门慰问;工会每年不断提升职工福利物资的发放标准,增加了职工的获得感和幸福感;工会与团委联合组织多类员工活动,丰富了职工业余生活,强化了企业文化建设。

图3 公司工会与股东签订集体劳动合同
(《集体合同》)

图4 工会每半年召开一次员工恳谈会,
解决职工困难

(三)导入智慧党建云平台和绩效考核的电子化

长飞公司的党员分布在全球各地,党员的学习教育、党务管理等,需要一个集成的智慧党建云平台(图5)。党建绩效考核,只有实现了电子化,支部、支部党员个人的绩效考核方案才能得以有效推广和最终落地。

1. 导入集成的智慧党建云平台

2022年2月,公司党委导入了集成的智慧党建云平台,实现了党组织关系管理、发展党员与培训、党费一键交纳与自动生成报表、公司党建新闻动态、三会一课、政治生日贺卡自动推送等功能,做到了业务预警自动化、业务流程指引化、业务场景通用化、数据分析可视化、区块链存证可靠化,提升了党务工作者的管理效率。支部主题文件的在线

图5 长飞公司智慧党建云平台截图

学习、点赞、评论等，也可以累计积分，提升了党员的学习体验。

2. 定制化开发，绩效考核项全部实现电子积分

根据2022年年初制定的支部、支部党员个人的绩效考核方案，长飞公司在智慧党建云平台上做了定制化开发，绩效考核项全部实现了电子积分，在平台上实现了支部、支部党员个人累计积分的自动汇总与排名，以及明细积分的成长记录。哪些支部、哪些党员、在哪些方面做得好，全部用量化数据来说话，如图6所示。

图6 长飞公司定制化的党建积分评价系统

根据支部、支部党员个人的积分排名结果,公司党委定期召开优秀支部、优秀党员的表彰会,每年年底总结绩效考核方案的亮点和不足,将支部或党员提出的改进建议应用到下一年的绩效考核方案中,做到持续改进。

四、实施成效

(一)项目实现多项创新

长飞党建创新项目经过1年的实施,项目目标全部实现。项目主要体现了三个方面的创新,具体如下。

1. 党建工作法的创新

(1)公司党委总结和提炼的"热干面"工作法,具有"顶天""立地"的作用。"顶天":爱党爱国的高政治站位。"立地":党建工作接地气,让党建与业务、文化有效融合,解决了"两张皮"的问题。

(2)具有前瞻性。党建工作是面向未来的,服务企业战略和未来高质量发展。

(3)具有武汉特色。热干面是武汉的代名词。

长飞党建"热干面"工作法,向上连接《中国共产党支部工作条例》,中间连接企业党建重点工作,向下连接党员的党内表现和业务表现,最后通过匹配的各项考核指标、指标的量化结果输出、绩效结果的持续改进,形成了闭环管理,党建工作法得以有效落地。

2. 绩效考核方法的创新

在绩效考核方案中,融入了质量管理内审、外审、管理评审等方法;融入了人力资源管理中行为锚定法、人才梯队建设等方法;借鉴了生产管理中的停机原因代码化等方法。

3. 智慧党建云平台的创新

智慧党建云平台的导入,提升了党务管理效率和党员的学习体验。目前,市面上的大多数智慧党建云平台,只有"三会一课"、学习评论等常规项的积分,没有党员好人好事、党员科技攻关项目等主动申请积分的流程,长飞在这方面专门做了定制化开发,形成了一个系统的积分评价,从而让绩效考核方案得以有效落地。

(二)顶层设计,实现党建与业务有效融合

为了落实理论要求和解决企业党建遇到的实际问题,长飞党建"热干面"工作法和配套的绩效考核方案,以及绩效考核的电子化,均做了系统性的设计。在项目方案设计阶段,通过党建与业务的考核权重分别占40%和60%、党员科技攻关先锋队项目、党员在公司战略项目上的贡献、支部和大客户开展"党建和创"特色项目等考核维度,将党建和业务做了有机结合,避免"两张皮"的问题。

(三)积分牵引,提升企业经济效益和社会效益

通过支部积分牵引,对党员科技攻关项目(表1)、支部与大客户"党建和创"诸维度进行打分评价等,提升了企业技术创新水平和经济效益。2022年,4个党员科技攻关项目实现经济效益8088万元,积极解决前瞻性技术和产品世界领先问题。在中国移动供应链党建联建试点启动会上,大客户中国移动授予长飞公司"优秀供应商(A级)"奖牌、"中国移动合作伙伴乡村振兴贡献银奖"奖牌,客户关系得到进一步巩固和提升。如图7所示。

表1 2022年长飞公司各支部申报的党员科技攻关项目

支部名称	项目名称	解决的技术难题	经济效益
生产第一党支部	半导体石英材料试生产	石英材料加工工艺研究和量产问题	5000万元
生产第二党支部	光子晶体光纤预研	前瞻性技术和产品国际领先的问题	(预研项目)
综合党支部	ULW架空光缆新产品开发	满足国外订单的特殊要求	3000万元
综合第二党支部	挤塑机提速	打造行业最高速度	88万元

通过党员个人积分牵引,对党员志愿者服务、月度好人好事诸维度进行打分评价等,提升了社会公益活动的参与力度和社会效益。2022年3月,报名参加公益植树活动的党员达70多人(图8);2022年"六一"儿童节,公司党员志愿者为红安希望小学、武汉西藏中学捐献爱心物资价值3万元(图9),收到了两所学校的感谢信,得到社会好评。

图7 在中国移动供应链党建联建试点启动会上,大客户中国移动授予长飞公司"优秀供应商(A级)"奖牌,以及"中国移动合作伙伴乡村振兴贡献银奖"

图8 2022年3月,长飞公司党员志愿者参加公益植树活动

图9 2022年"六一"儿童节,长飞公司党员志愿者为武汉西藏中学、红安希望小学献爱心

(四)创先争优,企业党建工作上新台阶

创新的"热干面"党建工作法和配套的绩效考核方案,让公司党建工作自上而下有了抓手,支部和党员的表现有了量化、电子化的绩效评价,党建过程管理清晰可见。智慧党建云平台的导入和定制化开发的积分评价系统,减少了公司党务工作者的手工作业量,提高了工作效率;支部主题文件的在线学习、点赞、评论等可以积分的功能,提升了党员的学习体验。各支部党务工作者每月按照这套方案运行后,由以前只知道完成上级组织交办的任务,到现在开始系统地抓党建,取得了可喜的进步。公司党建从定性管理走向定量管理,并且通过积分制绩效考核和排名模式,肯定先进,鞭策后进,公司内部形成了比、学、赶、帮、超的良好氛围,引导全体党员齐步向前走。

五、经验启示

(一)抓好企业党建,须提高政治站位,以初心使命为引领

习近平总书记强调:为中国人民谋幸福,为中华民族谋复兴,是中国共产党人的初心和使命,是激励一代代中国共产党人前赴后继、英勇奋斗的根本动力。抓好企业党建,必须提高政治站位,践行"为人民谋幸福、为民族谋复兴"的初心使命,激发党员的爱党爱国热情,帮助国家、行业、企业解决"卡脖子"技术问题,让中国的技术和产品在世界领先,让企业成为行业里的"世界第一"。如果每个企业都像长飞公司一样成为行业的"世界第一",中国的强国梦一定能实现!

(二)抓好企业党建,需要理论与实际相结合,系统性解决问题

抓好企业党建,需要从落实理论要求、解决企业党建实际问题两个方面进行破题。由于长飞公司党务工作者都是兼职人员,公司党委必须重视搭建智慧党建云平台和电子化考核的手段,推动党务工作的有效落实和落地。公司党委总结和提炼的"热干面"党建工作法、制定落地的细化举措和配套绩效考核方案,以及绩效考核的电子化,既落实了党中央对建强基层党组织的各项要求和支部工作条例中的重点任务,又解决了企业党建遇到的实际问题,整体项目方案的系统性强,形成了闭环管理,打破了以前头痛医

头脚痛医脚、满身打补丁的做法。

(三)抓好企业党建,须将党建与业务有效融合,实现企业高质量发展

抓好企业党建,必须坚持党建与业务深度融合,发挥支部的战斗堡垒和党员的先锋模范作用,解决企业"卡脖子"的难点和重点问题,服务中心工作,支撑企业未来战略和高质量发展,维护职工合法权益,弘扬正能量的企业文化,履行企业社会责任,增强职工群众的凝聚力和向心力,实现党的建设与企业发展同向发力,让党建工作切实成为看得见的生产力,以高质量党建引领企业高质量发展。

(四)抓好企业党建,须发挥绩效考核的作用,激发支部和党员的主观能动性

公司党委在推进党建管理的过程中,新建了积分制绩效考核和排名模式,注重发挥绩效考核的指挥棒作用,通过量化的积分每月排名,肯定先进,鞭策后进,引导全体党员齐步向前走。各基层党支部对党建工作的重视程度进一步增强,抓好支部核心党务工作成为各支部的自觉行动,以考核的激励、约束作用激发基层党支部和党员的主观能动性。现在,各支部之间、党员之间纷纷创先争优,你追我赶,公司内部形成了"比、学、赶、帮、超"的良好氛围,企业党建工作上了一个新台阶。

打造"1+2"党员先锋工程，弘扬先行文化，凝心聚力推动高质量发展

在中央深入推进全面从严治党、企业奋力开辟高质量发展新局面的背景下，中建铁路投资建设集团有限公司（以下简称中建铁投）深入落实全国国有企业党的建设工作会议精神和中建集团党组安排部署，结合"两学一做"学习教育常态化、制度化，把党员作为加强党建工作的先锋、弘扬优秀企业文化的先锋、推动企业高质量发展的先锋，着力打造"1+2"党员先锋工程；以党员的先锋模范作用，弘扬中建铁投先行文化，把企业党组织的政治优势，转化为推动企业高质量发展的文化优势、管理优势和人才优势。

一、案例背景

2017年初，党中央号召深入推进"两学一做"学习教育常态化、制度化，推动全面从严治党向纵深发展。2017年4月开始，《中共中国建筑工程总公司党组关于推动全面从严治党向纵深发展的决定》等文件的出台，为中建集团子公司深入开展党建工作提供了具体指导。2017年5月，中建集团为加大对铁路业务扶持力度，成立中建铁投来管理面临经营亏损大、履约投诉多、品牌信誉差、团队士气低等诸多问题的中建铁路。

如何用党的科学理论武装中建铁投全体党员头脑，培育企业文化软实力，全力以赴消减历史包袱，全面升腾企业改革发展气场，是中建铁投面临的新课题。"先行文化"是中建铁投的原生态文化，是个性鲜明的企业品格，为企业科学跨越发展提供了源源不竭的强劲动力。中建铁投结合新时代新要求和企业发展实际，着力把"1+2"党员先锋工程作为党建品牌的一项创新工程，以发挥党员先锋作用、加强党员队伍建设、倡导先行文化、促进企业高质量发展为目的，以各级党委"1+2"党员先锋工程工作小组、党支部"1+2"党员先锋工程活动实施方案与考核积分表、党员与帮带对象"1+2"党员先锋工程协议

书为载体,借助"智慧党建"系统、党建主题活动等具体路径,推进先行文化融入发展战略、融入管理升级、融入员工行为,以不负时代的责任感和使命感践行新发展理念,在改革兴业浪潮中打造"具有中建特色的轨道交通建设王牌军"。

二、实施目标

开展"1+2"党员先锋工程活动,是"两学一做"学习教育的重要实践,也是新时代践行党的宗旨、做合格共产党员的重要举措。中建铁投各级党组织围绕"党员义务"要求,深入开展"1+2"党员先锋工程活动,通过党员与非党员结对帮带、开展"四带四同"(带思想、同进步;带作风、同塑强;带技能、同提升;带业绩、同发展),切实增强党员意识、先锋意识、责任意识,倡导广大员工把个人价值融入企业跨越发展的宏伟实践,凝聚企业发展的磅礴动能、推动企业高质量发展。

(一)带思想,同进步

(1)加强宣传教育。党员落实宣传群众、教育群众义务,及时学习宣贯党中央各项会议精神和习近平总书记各项指示批示精神,进一步增强"四个意识"、坚定"四个自信"、坚决做到"两个维护"、坚决捍卫"两个确立";传达企业重大决策部署、重要会议及文件精神,思想、言行自觉与企业保持高度一致;紧跟时代步伐,学习掌握企业发展所处方位,主动作为,实现个人目标与组织目标有效统一。

(2)掌握思想动态。党员与帮带对象开展常态化谈心谈话,了解掌握帮带对象思想动态,帮助解决思维难题和现实困难。注重人文关怀和心理疏导,共同培育积极主动、健康乐观、开放包容的阳光心态。

(3)推荐积极分子。积极鼓励帮带对象中的积极分子向党组织靠拢,发掘先进对象并积极向党组织推荐。积极分子吸收为预备党员之前,原则上要征求结对党员的意见。

(二)带作风,同塑强

(1)带求真务实之风。党员带领帮带对象弘扬求真务实精神,真抓实干,开拓进取,自觉同敷衍了事、急功近利、心浮气躁、虚假不实等不良风气作斗争。

(2)带团结和谐之风。通过帮带,培养团结和谐的团队精神,培养改革创新的进取意识。

(3) 带真诚服务之风。亮明党员身份,履行党员责任,切实发挥服务职能,树立党员真诚服务形象。

(4) 带遵规守纪之风。党员带领帮带对象自觉带头遵守廉洁自律各项规定,清白做人、干净干事,作风正派、严于律己,艰苦奋斗;自觉践行社会主义核心价值观、《中建信条》《十典九章》和清廉中建铁投文化;理解企业加强专业能力建设、加强低成本运营、推进基础设施适应性改造等工作的内涵和目的,共同模范遵守法律法规,带头执行企业各项规章制度。

(三) 带技能,同提升

(1) 带头学习技能。党员带头加强学习,争当技能过硬、业务精湛的模范,做到在业务技能上强于群众、在综合素质上高于群众,成为各个专业、各项业务的带头人和骨干。

(2) 开展相互帮带。党员与帮带对象根据各自的技能与特长,建立相互帮带关系;通过开展设岗定责、承诺服务等活动,明确帮带重点内容和主要方式,增强技能帮带的针对性,确保双方取长补短、共强技能。

(3) 组建"帮带小组"。结合工作实际,安排党员与帮带对象组成"三人小组",共同承担一些攻关项目或突击任务,在完成专项任务的具体实践中相互帮助、相互促进。

(四) 带业绩,同发展

(1) 做到"点"的提升。按照"工作标准化、行为规范化、团队职业化"的总体要求,促进党员与帮带对象加强对业务新模式、管理新方法的学习,进一步改进思维方式,善于运用科学的管理手段,培育职业精神,规范职业行为,提升职业技能以促进工作质量、工作效率的全面提升。

(2) 实现以"点"带"面"。打造一批真诚服务职工群众、信念坚定、吃苦在前、甘当公仆、勇于奉献、标准过硬、职工认可的优秀党员示范岗,进一步形成一批党员与帮带对象为主体的党员责任区,把"1+2"党员先锋工程与党员示范岗、责任区等活动有机结合起来,不断传承"红色基因"、汇聚"红色力量",全面完成各领域各项既定工作任务,推动企业高质量发展。

三、实践路径

(一)制度铸魂:精诚先行,出台"1+2"党员先锋工程实施方案

2017年11月,中建铁投正式印发《"1+2"党员先锋工程的实施方案》,"1+2"党员先锋工程进入标准化启动阶段。

(1)模式流程化。聚焦"四带四同",实施"八步走"具体操作方略(图1):制定方案、宣传动员、拟定初步帮带意向、召开帮带恳谈会、制作协议书、签订协议书、实施帮带、检查考核。

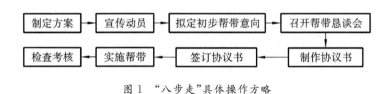

图1 "八步走"具体操作方略

(2)管理多元化。强化目标管理、清单管理、积分管理,按照"4+6"体系推进"1+2"党员先锋工程考核,基于"帮带计划执行、帮带过程质量、帮带对象满意度、帮带工作成效"4个维度考核"帮带计划制定与审批、帮带记录资料录入情况、帮带对象反馈、帮带对象直接上级反馈、年度绩效成绩、荣誉情况"6项具体指标。如图2所示。

(3)组织灵活化。"三人小组"是集团党建工作的创新载体,是"1+2"党员先锋工程最基础、最活跃的一环。"三人小组"是以党员为队长,联合非党员群众的线下工作小组,通过这一灵活的、下沉一线的小平台,充分发挥党员动员、激励、引领、凝聚作用,"合纵连横"形成基层党建大平台,切实践行"先行文化"。

(二)主题聚焦:谋深思远,分阶段建设"1+2"党员先锋工程

动员令发布后,中建铁投每年度突出1项主题推进"1+2"党员先锋工程建设。2017年定位为"党员队伍思想建设年",2018年定位为"党员队伍作风建设年",2019年定位为"党员队伍能力建设年",2020年定位为"第一阶段总结评估年",2021年开启新一轮工作规划,常态化开展"1+2"党员先锋工程。"1+2"党员先锋工程年度建设主题如图3所示。

"1+2"党员先锋工程考核积分表

类别	工作目标	积分标准	分值上限	考核得分
帮带计划执行	按时完成帮带工作计划制定与审批	按时完成积20分；延期1～10天积15分；延期11～20天积10分；延期21～30天积5分；延期超过30天不得分	20	
帮带过程质量	帮带记录描述清晰，帮带资料（包括但不限于帮带照片、学习课件、心得体会、工作成果等），并及时上传到"智慧党建"系统	每次帮带记录描述清晰、帮带资料齐全且上传不延期积2分，否则积1分	20	
帮带对象满意度	帮带对象对党员本年度帮带工作反馈较好，并分为非常满意、满意、基本满意、一般和不满意	非常满意积10分；满意积8分；基本满意积6分；一般积4分。如只帮带1名群众，则：积分=评价得分+2	20	
帮带工作成效	征求帮带对象所在项目或部门负责人的意见，帮带对象本年度在思想、作风、综合能力等方面是否取得明显提升，分为显著提升、提升、一般、未提升4档	明显提升积5分；提升积4分；一般积3分；未提升不得分。如只帮带1名群众，则积分=评价得分+2	10	
	帮带对象年度绩效取得较好成绩	优秀（A）积10分；良好（B）积8分；称职（C）积6分；基本称职（D）不得分。如只帮带1名群众，则：积分=评价得分+2	20	
	帮带对象获得市级或公司级（含）以上荣誉奖励（包括但不限于先进个人、专项表彰、工法、论文、专利等）	每有一项加1分，同一奖项在不同层级获奖不重复计算	10	

图 2 "1+2"党员先锋工程考核积分表

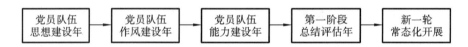

图 3 "1+2"党员先锋工程年度建设主题

2017年，围绕"从严治党"精神部署，推进政治思想武装头脑，理论学习保驾护航。大连分公司机关党支部党员和帮带对象观看红色视频；济青高铁项目党支部、唐曹铁路项目党支部组织党员和帮带对象共同参与党日活动（图4）。

2018年（图5），聚焦"作风建设"，推出"六个克服"，克服官僚主义，工作重心贴近基层、贴近市场；克服衙门习气，增强服务意识；克服本位主义，树立全局观念、大局观念；克服被动工作习惯，增强主动性和创造性；克服拖拉粗糙问题，培养雷厉风行、令行禁止、细致严谨作风；克服各自为战、单打独斗的弊端，增进团结、加强合作，发挥团队优势，攻坚破难。

2019年，聚焦"能力建设"，提出"四带四做"，带头学习提高，做引领型党员；带头争创佳绩，做先锋型党员；带头深入基层，做服务型党员；带头解放思想，做创新型党员（图6）。

图 4　唐曹铁路项目党支部主题党日活动

图 5　聚焦"作风建设",推出"六个克服"

图 6　聚焦"能力建设",提出"四带四做"

2020年,启动"1+2"党员先锋工程第一阶段评估总结,推出"连心组合"①"星锋组合"②等"1+2"党员先锋工程"子活动"。一个个"红色先锋",以红色初心淬炼发展匠心,提升专业素养、勇于创新创造、不懈追求卓越、矢志打造经典,推动基层党建质量提升,推动企业高质量发展(图7)。

图7 "连心组合"与"星锋组合"

2021年3月,中建铁投印发《关于常态化开展"1+2"党员先锋工程的通知》,决定将"1+2"党员先锋工程作为常态化工作开展。自此,"1+2"党员先锋工程成为中建铁投党建品牌标杆,依托该品牌传递的"先行文化"彻底融入企业发展战略、融入企业管理升级、融入员工日常行为。

(三)多维联动:强基拓新,"1+2"党员先锋工程赋能企业迈向新征程

中建铁投成立了以"红色先锋"为组长的"1+2"党员先锋帮带组。除赋予"1+2"党

---

① 结合"两联系、两促进"活动,领导班子成员在联系点帮带2~5名非党员项目班子,公司/分公司/项目党员班子成员帮带2~5名非党员业务骨干,组成既连心又帮带的"连心组合"。

② 结合"星青年"计划,在培养青年人才方面融入党员先锋作用,形成"恒星"党员帮带"行星"非党员,"行星"党员帮带"卫星"非党员的"星锋组合"。

员先锋帮带组的基本职责之外,还突出"时代元素"和"创新元素"特点,结合小组成员工作和企业发展需要,扩展"1＋2"党员先锋帮带组的工作主题、服务对象。以增强"四个意识"、坚定"四个自信"、坚决做到"两个维护"、坚决捍卫"两个确立"为根本出发点,以项目一线、基层职工为服务对象,打破组织界限,灵活开展"技术攻关、志愿服务、文体活动、心理疏导"等各种主题活动。

(1)专注科技创新。一大批党员技术创新工作室聚焦隧道机械化一体施工、超高桥墩施工、高铁预制箱梁施工、河道流域水污染治理集成施工、超高层建筑智能化施工等领域,开拓51项先进成果,其中10项达到国际先进水平。建成领先行业的工程指挥中心(图8)、智慧工地系统、应用可视化协同平台、盾构集群管控系统等,实现人员、机器、物料的有效衔接。

图8 工程指挥中心

(2)专注"智慧党建"。研发运用"智慧党建"系统,推进"1＋2"党员先锋工程标准化、信息化;聚焦"相融互促",针对生产经营中"征迁难、履约难、技术创新创效难、总包管理难、结算收款难、资源统筹难"7个难点,形成"相融互促"备选清单,推进"1＋2"党员先锋工程更好服务项目一线。

(3)专注党史学习。组建"1＋2"党史学习小组,党员带领群众、工友共同开展学习,指导团组织开展"学党史、强信念、跟党走"主题团日活动(图9),引导职工群众爱党爱国爱企,凝聚企业发展最广泛的智慧力量。

(4)专注克难攻坚。深化"1＋2"党员先锋工程,让党员先锋岗、党员突击队、党员责任区的旗帜高高飘扬在各项急难险重任务中;沧州绕城公路项目"1＋2"动迁工作组演绎征拆攻坚故事,该项目党支部2018年获评辽宁省国资委"基层先进党支部";高原铁路攻坚战孕育出"缺氧不缺精神"的战斗情怀(图10、图11);重庆山火阻击战展露出"不惧高温'烤'验"的奋斗姿态。

图9 "学党史、强信念、跟党走"主题党日活动

图10 高原突击队,奋勇誓争先

图11 挺进4000米雪域高原

四、实施成效

自"1+2"党员先锋工程开展以来,党员同志带领广大员工不忘初心、牢记使命,立足岗位、建功立业,成为中建铁投一道靓丽的风景线。"1+2"党员先锋工程赢得广泛认同,凝聚更多受众,形成强大生命力和巨大感召力。

一是党员先锋意识更强。自2018年以来,"1+2"党员先锋工程累计结对5811对,覆盖党员5297人次、非党员9513人次,组织开展帮带活动29521次,发展、吸收进党组织人数288人。"先锋共产党员"带领团队勇闯难关,在服务交通强国战略中不断贡献"红色力量"。渝湘项目总工程师崔成男带头打造"造墩机",勇挑"亚洲第一连续刚构组合桥"建设重任,筑巴山蜀水幸福路;湖州 CBD 项目安全总监唐迎春二十五载光阴扎根基层,近万个日夜奋战,变的是工作城市,不变的是安全生产心。

二是职工攻坚热情更高。广大职工群众在党员先锋带领下,全力完成"历史包袱消减"。消减未竣未结项目,签署专项治理责任状,以全司资源、资金、人员支持,组织开展保通车会战、历史遗留质量"克缺"施工和铁路项目结算,顺利完成全部铁路项目通车交验。消减亏损和资金缺口,偿还了大量历史债务;积极开展经营创效,助推企业扭亏脱困。消减重大遗留风险,全面梳理内部生产资源,清退不合格分包分供商;加大亏损项目问责力度,完善监督机制,营造良好风气。

三是企业发展品质更好。截至 2021 年末,2018 年以来的企业签约额、营业收入、利润总额年均增速分别为 12.99%、20.03%、36.62%;中建铁投法人资产总额、授信额度、日均资金存量年均增速分别为 12.56%、46.7%、20.73%。与此同时,"1+2"党员先锋工程获得国内权威媒体的高度评价、广泛赞誉。新华网客户端、四川新闻网、中国发展网、河北新闻网、《齐鲁晚报》、凤凰网、搜狐网、中国网、中华网等主流媒体,对中建铁投"1+2"党员先锋工程活动进行了报道。

五、主要经验

中建铁投严格按照党中央、国资委党委、中建集团党组要求,深入探索党建品牌建设的规律和方法,坚持"从群众中来、到群众中去","党员+群众"工作模式不断深化,"中建信条·先行文化"内涵不断丰富。具体来说,主要是做到了"三个结合"。

一是打造"1+2"党员先锋工程与战略实施相结合。深入研究"一最三优"[①]战略目标、"成为具有中建特色轨道交通投资建设王牌军"发展定位背后的文化驱动力,以包容开放的态度,将"中建信条·先行文化"融入时代大熔炉,以国际化、市场化的站位、视野、标准来审视企业党建品牌建设情况、企业文化积淀情况,注入更多的时代性、创新性、可推广元素,凝聚企业发展的强劲动力,绘就持续稳增长的靓丽发展曲线,实现了"涅槃重生"。

二是打造"1+2"党员先锋工程与企业管理相结合。更加注重企业生产经营背后的文化传递、文化交流、文化融合。通过党建品牌建设推动"先行文化"与企业管理相促进,树立标准化、精益化的管理理念,推进管理模式、管理手段、管理体系的创新,加速管理的改革转型、升级进步。

三是打造"1+2"党员先锋工程与行为实践相结合。推进党建品牌制度化建设,深入

---

① "一最"指最具竞争力的综合交通投资建设集团;"三优"指优秀投资商、优秀建造商、优秀运营商。

宣贯《中建信条·先行文化》执行理念,持续涵养"至精至诚·为先行远"企业品格,让"先行文化"真正影响员工的价值观念、道德规范、思想意识和职业态度,形成知行合一、相融相长、充满生机与活力的企业生命有机体。通过持之以恒、驰而不息的努力,让蕴藏"先行文化"的"1+2"党员先锋工程为企业高质量发展提供不竭的精神动力和实践支撑。

"两化三型"助推国企党建工作创新发展
——中建三局一公司党建品牌实践与探索

　　党的政治优势是国有企业最大的优势，党组织全面过硬、全面进步是国有企业发展的坚强支撑。然而，随着企业规模快速增长，业务领域不断拓展，业务范围由国内延伸到海外，管理跨度空前加大，党的领导和党的建设弱化、淡化、虚化、边缘化等问题在部分基层党组织依然存在。为推动党建工作创新发展、切实提升党建科学化水平，中建三局一公司积极探索党建品牌的打造路径，坚持以提升党建价值创造力为导向，首创"两化三型"（通过标准化、信息化，打造学习型、创新型、服务型党支部）党建工作模式，推动党建工作"围绕中心、服务大局"，以高质量党建引领保障企业高质量发展。

　　经过探索实践，中建三局一公司各级基层党组织将"两化三型"党支部建设作为重要抓手，通过压实党建责任，打造标准党建、数字党建、品牌党建，进一步激发党建活力，实现基层党建科学化信息化水平不断提高、基层党组织引领保障作用有效发挥、党员干部示范带动作用充分彰显、党建业务互促互融显著提升，基层党组织的组织能力、党员干部的战斗力以及党建工作的价值创造力得到有效发挥。公司建证党建工作"两化三型"如图1所示。

　　中建三局第一建设工程有限责任公司（以下简称"一公司"）始建于1952年，是中国建筑工程总公司三级子企业。公司现有员工11529人，分支机构14家，在建总包项目323个，主要位于珠三角、长三角、京津冀、长江中游城市群、成渝经济圈等五大国家热点区域，以及马来西亚、印度、柬埔寨等海外15个国家和地区。全司设有党委11个，党总支7个，基层党支部142个，共有党员2383人。公司业务范围涵盖房建、基础设施、地铁、水务、房地产开发、建筑产业现代化等领域，具有房屋建筑工程施工总承包和市政公用工程总承包双特级资质。公司党委通过"两化三型"党建品牌打造，助推党组织建设，以高质量党建引领保障高质量发展。2021年，公司新签合约额1479.41亿元，完成营业收入745亿元，实现利润总额19.12亿元，达到《财富》中国500强181位标准、ENR"全球承包商250强"第45位标准，市场竞争力、品牌影响力显著提升。

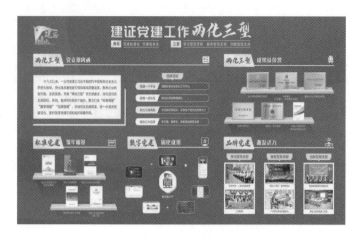

图 1　公司建证党建工作"两化三型"

一、案例背景

党的十八大以来,习近平总书记多次强调,坚持党的领导、加强党的建设,是我国国有企业的光荣传统,是国有企业的"根"和"魂",是我国国有企业的独特优势。在全国国有企业党建工作会上,习近平强调:坚持党对国有企业的领导是重大政治原则,必须一以贯之;建立现代企业制度是国有企业改革的方向,也必须一以贯之。中国特色现代国有企业制度,"特"就特在把党的领导融入公司治理各环节,把企业党组织内嵌到公司治理结构之中,明确和落实党组织在公司法人治理结构中的法定地位,做到组织落实、干部到位、职责明确、监督严格。要全面提高国企党的建设质量,必须坚持问题导向,保持战略定力,以"钉钉子"的精神,久久为功,锲而不舍地抓好党建工作。

经过几十年的快速发展,我们深刻体会到,党的政治优势是国有企业最大的优势,党组织全面过硬、全面进步是国有企业发展的坚强支撑。然而,随着公司规模快速增长,业务领域由传统房建拓展到投资、基础设施等新领域,业务范围由国内延伸到海外,管理跨度空前加大,党的领导和党的建设弱化、淡化、虚化、边缘化等问题在部分基层党组织依然存在,支撑企业高速发展的保障必须加强。

标准化、信息化是筑牢党建根基、提升党建科学化水平的主要途径,建设学习型、服务型、创新型党支部是发挥基层党组织战斗堡垒作用和党员先锋模范作用的重要载体,建设"两化三型"党支部是国有企业党组织自我革新、自我提高的必然选择和始终追求。作为党领导下的国有企业,近年来,公司党委坚定不移地学习贯彻落实习近平新时代中国特色社会主义思想和党的十九大、二十大精神,坚持党的领导,加强党的建设,坚决捍卫"两个确立",坚决做到"两个维护",坚持"基础工作标准化、重点工作品牌化"的工作思路,大力推进"两化三型"党支部建设,以高质量党建引领保障企业高质量发展。

二、实现目标

聚焦企业转型升级、品质发展,通过"两化三型"党支部建设,强化学习型、服务型、创新型三大品牌党支部,从而达到搭建一个党建标准化信息化工作平台、培育一支职业化项目管理团队、树立一批先进基层党组织和优秀共产党员的目标成效,形成特色品牌党支部的示范引领效应。

在提升党支部工作标准化规范化均质化水平的基础上,坚持"围绕中心、服务大局",持续探索智慧党建,强化"建证"智慧党建、"壹党建"平台的应用,全面清除软弱涣散党组织,推动"两化三型"党支部全覆盖,形成有深度的经验成果和稳固的长效机制,保障创建活动成为促进企业发展的"动力工程"和服务职工的"民心工程"。

三、实践路径

2015年以来,为深入贯彻习近平总书记关于国有企业改革发展和党的建设重要论述,公司党委按照"围绕中心抓党建,抓好党建促发展"要求,以提高各级党组织和全体党员的学习能力、服务能力、创新能力为目标,以"标准化""信息化"为载体,以"党建+""党建联建共建生态圈""红色工地"等活动为推动手段,深入探索实践基层党组织"两化三型"党支部建设,努力将基层党组织建设成凝聚人心、服务群众、推动发展、促进和谐的政治核心和战斗堡垒,打造一批标杆党支部,为建设一流的科技创新型工程总承包企业提供坚强的组织保障。

(一)坚持党的领导,压实党建责任

公司党委坚持价值和效能导向,着力构建权责清晰、上下协同、一体推进的党建工作体系。

(1)切实发挥党的核心作用。推动党建进章程,明确和落实党组织在公司法人治理

结构中的法定地位,坚持贯彻"两个一以贯之",将党的领导融入公司治理各个环节;全面落实从严治党主体责任,完善党委主体责任清单,保障"一岗双责"领导体制长效落地;深入落实"第一议题"制度,推进党史学习教育、十九大二十大精神宣贯与公司战略和改革创新相融合;优化公司治理体系,建立外部董事占多数的董事会,提升企业治理水平;严格执行党组织研究讨论前置要求,完善公司"三重一大"决策体系,梳理形成公司及分支机构240条决策事项清单,确保企业党组织把方向、管大局、促落实作用得到充分发挥。

(2)全面推行"一肩挑"领导体制。强化责任边界,发布分公司党委书记、项目党支部书记工作清单,清晰界定"一肩挑"书记必须亲力亲为的党建重点工作;强化责任分解,建立从公司、分公司到城市公司(经理部)再到各基层党组织的垂直管理体系,逐级签订党建目标责任状,年底实施检查考核,确保党组织书记"第一责任"落实到位;强化监督考核,优化并落实"一肩挑"领导党建KPI指标,考核结果与绩效收入实行强关联。季度召开党群例会,定期检查党建目标任务落实情况,厉行督办,进一步强化党建工作责任。

(二)打造"标准党建",筑牢党建根基

公司党委积极推进基层党建"五个标准化"建设,着力打造"标准党建",筑牢基层党组织建设基础。

(1)组织设置标准化。规范设置组织机构,调整工作流程,进一步优化支部成立、换届、撤销的授权管理,严肃换届改选,督导基层党支按照程序要求开展换届改选,做到"应换必换""应换必严"。优化联合党支部设置和加强流动党员管理,以文件形式规范党支部设置和书记、副书记、政工干部配备,打通组织建设的"最后一公里",提高基层组织设置的规范性和科学性。

(2)工作流程标准化。全面完善党建工作体系,围绕党群工作核心业务,梳理、完善制度文件82个,梳理、优化核心流程62个,制定规范文本46个,设计制作表单303张,印发《建证·党建工作岗位标准手册》《建证·党建工作标准化图册》《党建工作流程手册》,通过文字、图表、流程图"三位一体"模式,形成党建工作指南,推进支部党群工作核心业务标准化、规范化运作。

(3)主题活动标准化。公司党委每月发布支部任务书,规定月度支部党日活动主题,进一步推进基层党支部组织生活规范开展;深化联系基层、联系群众"双联系"活动机制,开展领导班子联系点"七个一"活动(讲授一次专题党课、开展一次调查研究、参加一次组织生活、组织一次带班检查、召开一次员工座谈会、拜访一次重要客户、列席一次决策会议);赋能基层,开展党建指导员"一联系一帮扶"活动,规范基层党务工作开展,筑牢公司

党建基础。

(4)基础资料标准化。实行基础资料清单化管理,将项目党支部工作资料划分为组织机构、班子建设、党员队伍建设、"三会一课"、文化建设、品牌建设、阵地建设等19个类别,建立完善党建基础资料档案;发布《党群工作流程》,规定每类资料目录清单、记录形式和格式要求,推动党建工作既有标准规定又有工作纪实、既有目标又有内容,明白该干什么、该怎么干,不断完善基层党建工作,实现党建活动"全方位""无死角"。

(5)考核评价标准化。注重考核形式多样性,推行"日常纪实考核+季度线上考核+年度现场考核+述职评议"的模式;定期对基层党组织组织生活落实情况进行督查,加强动态管理,强化过程控制,及时指出问题和整改方向;发布司属单位党建工作责任制考核清单、项目党支部考核清单,量化实施考核评价,统一评价依据、评分标准、考核方式、奖罚原则,量化任务指标;强化结果运用,考核结果和司属单位班子成员、党群干部个人KPI绩效挂钩,实行绩效强关联。公司党建工作流程、思维导图(部分)如图2、图3所示。

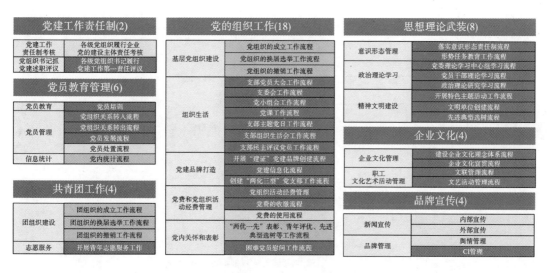

图2 公司党建工作流程梳理(部分截图)

(三)打造"数字党建",固化党建成果

公司党委从聚焦"规律化"、取向"现代化"两个战略向度,努力探索提高党建科学化水平的新路径。

(1)立足实际,构建一套智慧党建系统。公司党委根据业务实践,搭建以"云学习、云生活、云管理"三大板块为核心的构架模型,并通过手机APP、操作前台、管理后台3套

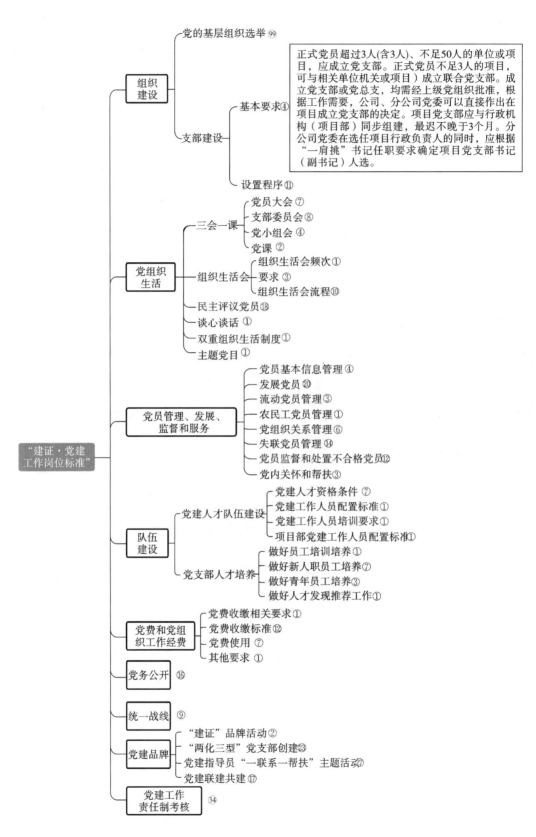

图 3 公司党建工作思维导图（部分截图）

操作系统,构筑"横向到边、纵向到底、全面覆盖、不留空白"的网格化管理模式。系统覆盖4个管理层级[公司—分公司—城市公司(经理部)—项目部],适用3种组织形态(党委、党总支、党支部),建设完成6个业务板块、43项业务流程、380余项系统功能。截至目前,公司运用"壹党建"信息化平台开展"三会一课"2700场,主题党日活动2800余次,基本实现支部使用全覆盖。同时,公司党委深度运用中建集团"建证"智慧党建信息化系统,构建数字化党建工作矩阵,多途径拓展党务工作场景。

(2)强化应用,提升常态化工作品质。①业务逻辑系统化:公司党委通过对党建基础工作进行全方位逻辑分析,以模板指引保障业务标准化、规范化,确保不因党务工作人员更迭而造成业务质量波动,推进党建工作规范化、均质化。②数据分析精准化:通过打造党建管理驾驶舱,构建数字化、智能化的党建数据分析模型,对党员、党组织等内容数据进行多维度、全方位集成,实现基础党务信息及时在线更新、数据实时统计分析,保证信息的准确性、数据的同源性和成果的共享性。③监督考核常态化:一方面,运用智慧党建平台,对下级党组织实现在线化党建工作责任制季度考核,评价标准科学规范,确保"一把尺子量到底";另一方面,提升考核及时性,在智慧党建平台发布司属单位党组织季度考核任务清单,将各类日常党务工作以上级党组织"发布任务"和下级党组织"完成任务"的形式完成考核,将考核压力有效传导,充分发挥党建考核指挥棒作用。公司智慧"壹党建"平台如图4所示。

图4 公司智慧"壹党建"平台

(3)完善机制,推进精细化管理落地。①加大系统优化:结合新形势、新业态的发展,持续优化智慧党建平台,定期开展平台新功能应用培训,及时解决平台应用问题,既抓创新功能开发,也抓基础业务应用管理,共享智慧党建新成果。②完善制度保障:随着智慧党建平台全面上线应用,公司党委及时修订发布《公司党建工作责任制考核管理实施细则》,制定《司属单位党组织考核方案》,突出党建工作日常考核,及时通报督办,并通过将考核结果与绩效挂钩,实现以智慧党建推动企业全面从严治党向纵深发展。图5为公司党务工作者运用智慧党建系统开展支部考核评价。

图5 公司党务工作者运用智慧党建系统开展支部考核评价

(四)打造"品牌党建",激发党建活力

(1)建设学习型党支部,提升本领素养。①开展理论学习:发挥头雁作用,公司两级领导班子以"组班带学"的形式组建10个学习小组,成立135个读书班,开展"1+1+1"党建实地研学,深入解读政策理论、行业前景、改革重点,探究企业发展破题之策;基层党支部常态化开展"三会一课""主题党日"等组织生活(开设微党校。见图6),系统学习习近平新时代中国特色社会主义思想,跟进学习党中央关于本行业决策部署,全面提升党员政治领悟力、政治判断力、政治执行力。②开展业务学习:以提升职工业务技能和职业素养为目标,通过岗位练兵、以赛代训等形式,全面提升员工职业化水平;抓好党建带团建、带工建,在公司重点项目、名片工程开展精益建造和创新技能劳动竞赛、技能比武,办好"争先杯""安康杯"等各类竞赛活动。③创新载体学习:在做好领导干部理论宣讲的同时,着力提升宣讲覆盖面,组织"工地报郎"(图7)下基层宣讲全会精神,项目书记、副书记、政工员轮番上阵,以"板凳党课""齐读党报""连心直播"等形式,把中央精神传达给农民工党员,做到学习同温、上下同频;基础公司巴基斯坦PKM项目党支部《"一带一路"上的"工地报郎"》案例成功入选中建集团党建品牌案例集。

图6 公司创新开设微党校

图7 公司"工地报郎"为工友讲解十九大精神

(2)建设服务型党支部,凸显担当作为。①讲政治责任,致力央企担当:坚定不移服务国家战略,加快向战略性新兴产业布局,积极融入国家区域发展新格局;积极响应"一带一路"倡议,实施"出海"战略,将市场拓展至马来西亚、巴基斯坦、柬埔寨、泰国、印度、印尼、斯里兰卡、马尔代夫、塞尔维亚等15个国家和地区;坚决落实"六稳""六保",坚持"四个不摘",巩固拓展脱贫攻坚与乡村振兴有效衔接,承担康县、团风乡村振兴任务,青年党员李恒获评首届"全国乡村振兴青年先锋"。②讲发展责任,深化基层服务:强化生产与党建双融互促,围绕"党建+",在市场开拓、精益建造、科技攻关、深化设计、费用压降、风险防控等重点领域,创建一批党员先锋岗、党员突击队、党员责任区、"标杆引领"青年突击队,在急难险重任务中发挥党员先锋作用;开展党建指导员"一联系一帮扶"活动,深化基层党建和业务融合。③讲企业责任,落实职工关爱:持续推动"我为群众办实事"实践活动常态化长效化,以"连心笔记"、物业标准化建设、职工(工友)服务站为载体,持续打造"幸福工程"和"八件实事"服务品牌,建立海外员工"三个清单",着力解决职工"操心事烦心事揪心事";聚焦"急难愁盼",以"提案卡"方式征集职工工友意见,出台保障农民工工资支付等"实事"清单11项,解决"十难"问题54件,获评"全国最美工会户外劳动者服务站点"。公司雷神山医院项目成立了党员突击队、青年突击队(图8)。

图8　公司雷神山医院项目成立党员突击队、青年突击队

(3)建设创新型党支部,助推中心工作。①推进管理创新:全面落实集团"六专行动"工作部署,构建"三落实一监督"推进机制,实现180项任务全面完成;围绕"组织变革、流程优化、薪酬激励改革、职业化团队建设、价值创造"5个方面,系统推进各项改革创新举措落地实施,实现国企改革三年行动圆满收官,公司获评国务院国资委"全国国有企业公司治理示范企业"称号。②推进技术创新:着力打造科技创新型企业,建立"1+4+10"的科技研发体系,11项科技成果达国际领先水平;全面推动数字化转型,着力构建"1+N"数智建造体系,实现业务"全在线"和"数据反哺业务";加强职工经济技术创新,开展"金点子"活动,命名一批职工(劳模)创新工作室、党员创新工作室,有效释放职工创新创造新动能;2021年,公司累计发表科技论文12篇,获得国家专利17项,省级工法18项,获得国家BIM奖项3项,省级BIM奖项5项,获得湖北省"五小"成果1项。③推进党建工作创新:成立"建证·党员先锋岗""建证·精益建造党员责任区",实行党员分区包保制,制定并完善常态下沉调研机制,开展"边远小散"项目专项巡查,对公司重点项目采取定点帮扶全覆盖;通过"强根、铸魂、赋能、提质"四项工程,立体推进职业化团队建设,以争先文化月为载体,促进职业精神穿透一线;率先建设知识管理系统,建立关键岗位胜任力模型,开展技能比武及各层级专业培训;重点打造各级领导班子、优秀青年干部和项目铁三角等核心干部培养体系,通过战训结合不断提升干部综合素质。近两年公司累计培养、提拔"85后""90后"中层干部385人,积淀成熟项目团队720个。公司开设了"贯彻新发展理念"论坛(图9)。

图 9　公司开设"贯彻新发展理念"论坛

四、实践成效

(一)基层党建科学化信息化水平不断提高

基层党建标准化信息化建设,将党建管理与信息技术优势紧密结合,深化"数字化党建"工作模式,实现了规章制度由软到硬转换、党建核心功能由弱向强飞跃,开启了"互联网+党建"工作模式的新篇章。《建证·党建工作岗位标准手册》《建证·党建工作标准图册》《党群工作流程手册》《项目党支部工作手册》的持续完善,优化了党务工作体系,明确了工作标准,理清了流程节点,为建强基层党组织打下了坚实基础。积极运用互联网新技术,党建工作的线上开展精彩纷呈,党建科学化水平不断提高。

(二)基层党组织引领保障作用有效发挥

"两化三型"示范党支部建设,持续推动软弱涣散党组织整顿和"偏远散小"项目党组织建设,实现了空白班组动态清零,形成消除空白班组的长效机制,实现了项目建在哪里、党建工作就开展到哪里,推动基层组织全面进步、全面过硬。开展创建"两化三型"示范党支部工作以来,公司相关党建工作经验载入《学习时报》《国资报告》等政研平台,并被中宣部党建网等智库媒体转载。通过开展系列党建品牌创建活动,公司党委先后获得湖北省"国有企业示范基层党组织"、湖北省"先进基层党组织"等荣誉称号,马来西亚分公司党委荣获湖北省国资委先进基层党组织,"两化三型"案例入选国资委国企改革系列丛书,全司基层党建工作水平全面提升。

(三)党员干部示范带动作用充分彰显

通过开展示范党支部以及党员责任区、党员先锋岗、党员突击队、党员创新工作室等创建活动,党员示范带动作用得到有力彰显。以"党员突击队""青年突击队"为载体,在战"疫"一线充分发挥共产党员身体力行的标杆示范引领作用,公司先后牵头建设雷神山、凤凰山医院,紧急支援香港、上海、深圳、长春等地重大抗疫工程达27项。以"岗队区室"为活动载体,点燃党员创先争优热情,助力项目完美履约,华星光电T3扩产项目各工区、各专业、各班组你追我赶,创先争优,68天完成模组厂房结构封顶,164天完成主厂房封顶,刷新"光电速度",助力民族工业抢占世界电子显示屏市场制高点。

(四)党建业务互促互融显著提升

"两化三型"党支部"样板引路",打造党建联建共建生态圈,以共建联建赋能价值创造,促进党建与生产经营双融共促,基层组织力不断提升。通过"两化三型"党支部建设,培育一支职业化项目管理团队,不断提高基层党组织融入中心的工作能力。人才培养更高远,构建"243"创新业务发展体系,成立科技研发技术联盟,打造多个国家级专业研究室,输出一批核心产品,激活创新发展动能。突出价值创造,通过搭建业务中台、构建信用体系、组建知识管理学院等一系列举措塑强职业技能,实现组织效能和员工技能的"双支撑、双提升"。以标杆引领为抓手养成职业行为,以高目标牵引、高标准要求,抓两头、促中间,激发员工担当、自觉养成职业行为。干部选育更立体,形成了专业能力和管理能力并重的干部培养路径,重点打造了各级领导班子、优秀青年干部和项目铁三角等核心干部培养体系,强化"关键少数"在急难险重岗位的磨炼,通过战训结合不断提升干部综合素质。出台了《"十四五"人才队伍建设专项规划》,以战略目标为牵引,优化人才配置,打造一流的职业化管理团队。

五、主要经验

(一)加强"两化三型"党支部建设要注重发挥基层党组织组织力

党的基层组织是党在社会基层组织中的战斗堡垒,是党的全部工作和战斗力的基础。习近平同志指出,要以提升组织力为重点,突出政治功能,把企业、农村、机关、学校、科研院所、街道社区、社会组织等基层党组织建设成为宣传党的主张、贯彻党的决定、领导基层治理、团结动员群众、推动改革发展的坚强战斗堡垒。公司进一步强化基层党组织建设,以提升组织力为重点,充分发挥基层党组织的领导力、动员力和凝聚力,发挥基层党组织战斗堡垒作用,把推动高质量发展作为检验党组织工作和战斗力的重要标准,为打造"两化三型"党支部提供根本保障。

(二)加强"两化三型"党支部建设要着重发挥党员战斗力

党员是党组织的基石和细胞。党员发挥先锋模范作用是保持党的先进性的需要,是实现党的领导的需要,是推进社会主义现代化建设事业的需要。公司进一步强化党员教育,以发挥党员战斗力为核心,充分发挥党员的先锋模范作用,以党员"标杆引领"为导向,持续在关键岗位、重要工作、重点区域中激发党员活力,切实发挥党员在生产经营、改革兴业、疫情防控、联系群众等方面的战斗力,引导广大党员干部带头干事创业,通过树立一面旗,带动一大片,形成党建工作管理下穿、落地一线的工作氛围,为打造"两化三型"党支部提供重要抓手。

(三)加强"两化三型"党支部建设要充分发挥党建工作价值创造力

党建工作做实就是生产力、做强就是战斗力、做细就是凝聚力,只有"高质量党建"才能引领国企"高质量发展"。习近平总书记在全国国有企业党的建设工作会议上指出,坚持党的领导、加强党的建设,必须坚持服务生产经营不偏离,把提高企业效益、增强企业竞争实力、实现国有资产保值增值作为国有企业党组织工作的出发点和落脚点,以企业改革发展成果检验党组织的工作和战斗力。公司进一步发挥党建工作的价值创造力，通过服务中心工作、服务社会民生、服务职工工友，将党建工作的价值体现在企业发展的方方面面，带动各业务部门、职工广泛参与，形成党建引领生产、保障生产、促进生产的良好局面，为打造"两化三型"党支部提供实现路径。

第二篇

企业党建创新类

发挥品牌引领作用，提升党建工作质效
——"桥头堡·党建"品牌的实践与探索

为进一步深入贯彻落实习近平总书记关于国有企业党建工作、群团工作的重要指示批示精神，充分展示"国有重点企业管理标杆创建行动标杆企业"风采，中铁大桥局构建起由"五大体系"（理念体系、工作体系、结构体系、制度体系、考评体系）支撑的"桥头堡·党建"品牌。一是深入总结企业诞生、成长于党旗下的红色历史，立足新的历史坐标，放眼企业未来发展，确定了"桥头堡"这一党建品牌名称，并围绕这一核心明确了品牌标志、产生背景、定位、主题等内容，构建起一套具有深厚实践基础、文化内涵和感召力，且充分彰显桥梁建设央企独特属性的党建品牌理念体系。二是加强顶层设计，全面提升党建工作质量，探索形成了"123456"工作体系："1"是聚焦"党徽耀彩虹·堡垒筑精品"这一主题，构建"大党建"格局，形成强党建的机制保障；"2"是打造两大品牌活动，落实"全面从严治党"战略部署，提供强党建的落实抓手；"3"是加强"三级建设"，筑牢战斗堡垒，夯实强党建的力量来源；"4"是做到四个融合，促进企业发展，发挥强党建的推动作用；"5"是覆盖五个维度，确保党建工作无死角，提升强党建的整体效应；"6"是实施"六桥工程"，推动具体工作，确保强党建的实践行动。三是以"六桥工程"为基础，对党建工作现行制度进行梳理，形成了包含一百余项制度的制度体系。四是着力构建"一主多元"的结构体系，力争实现"一单位一品牌""一支部一特色"，不断丰富"桥头堡·党建"品牌内涵，释放基层党建工作活力。五是用好考核指挥棒，严格落实党建工作责任制，建立起相对科学、实效的考评体系，注重考核结果运用，树立正确导向，确保各项党建工作落实落地。通过打造"桥头堡·党建"品牌，中铁大桥局党委坚持党的领导、加强党的建设的信念更加坚定，以党建促发展的成效更加显著。

一个好的品牌能够唤起强烈的情感，凝聚起强大的共识。一个好的党建品牌，可以切实增强全体党员干部职工的向心力、凝聚力和战斗力。中铁大桥局党委以习近平新时代中国特色社会主义思想为指导，贯彻落实全国国有企业党的建设工作会议精神，把打造优质的党建品牌作为新时代加强和改进党建工作的有效途径，创建了"桥头堡·党建"品牌（图1），形成了以党建品牌提升党建工作质效、推动党建工作与生产经营深度融合的有益探索。

图1　中铁大桥局党委"桥头堡·党建"品牌发布会现场

打造党建品牌的过程是强化共知、凝聚共识的过程。中铁大桥局党委遵循VIB法则［即从视觉（visual）、理念（idea）、行为（behaviour）三方面入手］，结合调研座谈，构建了"桥头堡·党建"的理念体系、工作体系、结构体系、制度体系、考评体系，使得党建品牌形象和特点更加鲜明、党建服务中心的切入点更加清晰、党建落地的关键动作更加明确。

一、构建特色理念体系，凸显党建品牌价值内核

中铁大桥局党委深入总结企业红色历史，放眼未来发展，构建起一套具有深厚实践基础、文化内涵和感召力，且充分彰显桥梁建设央企独特属性的党建品牌理念体系，获得了全体党员干部职工发自内心的认可和支持。

（1）明确"桥头堡·党建"品牌定位。"桥"，代表中铁大桥局因桥而生、因桥而兴、以桥为主业，因此"桥头堡·党建"品牌是充分彰显央企属性、桥梁行业特点和中铁大桥局企业特色的党建品牌。"头"，代表中铁大桥局勇当建桥排头兵，充分调动发挥党

员先锋模范带头作用,努力打造世界一流建桥国家队,推动新中国桥梁事业发展。"堡",代表中铁大桥局党委这一坚强的领导集体是领导企业发展的核心,中铁大桥局党委坚持"党的一切工作到支部"的鲜明导向,让每个党支部都成为一个坚强的战斗堡垒。

(2)精选"桥头堡·党建"品牌主题。在主题的选择上,中铁大桥局党委提出既要有历史的视角,即在党的领导下,中铁大桥局勇担发展新中国桥梁事业的重任,修建起一座座造福人民的"彩虹",通过发挥基层党组织的战斗堡垒作用和党员的先锋模范作用,每一项工程都成为经得起历史和人民检验的精品。同时,主题也要彰显中铁大桥局坚守"建桥报国"初心和"建桥铺路、造福人类"使命,弘扬"跨越天堑、超越自我"企业精神,建设精品工程回报国家和社会的价值追求。通过征集、比选,中铁大桥局党委选定了"党徽耀彩虹·堡垒筑精品"(图2)这一品牌主题。

图2 桥头堡党建品牌标志

(3)设计"桥头堡·党建"品牌标志。"桥头堡·党建"品牌标志总体结构外形设计创意来源于武汉长江大桥桥头堡,也是大桥局总部"桥梁科技大厦"的建筑外形,象征了大桥局奋进新时代的"历史坐标"和"新的起点"。"桥头堡·党建"品牌标志上还嵌入了党徽、光环、大桥局及党委成立时间"1953"数字、党建品牌名称"桥头堡·党建"(毛体字样)、"党徽耀彩虹·堡垒筑精品"党建主题等,充分彰显了桥梁行业特点、企业厚重历史文化和党建品牌主题。标志主色调为红色和金色,红色是初心、金色是使命,体现了党的光辉和央企政治属性。

二、构建六大工作体系,推动党建工作一体运行

中铁大桥局在加强党的建设实践中探索形成了"123456"工作体系,推动党的建设与改革发展一体运行、党建工作与生产经营一体运行,坚决杜绝"两张皮"现象。

(一)聚焦一个党建主题,构建"大党建"工作格局

中铁大桥局党委围绕"强党建就是强发展"的理念,聚焦"党徽耀彩虹·堡垒筑精品"主题,着力构建由党委统一领导、党政工团齐抓共管的"大党建"工作格局。通过全面推进党的政治建设、思想建设、组织建设、作风建设、纪律建设,把制度建设贯穿其中,深入推进反腐败斗争,探索"党建+安全、生产、经营、科技……"工作模式,推动产业链上下游单位形成党建联盟,从而形成"大党建"合力。

(二)打造两大品牌活动,纵深推进"全面从严治党"

创建"全面从严治党示范党支部"和打造"全面从严治党示范性工程"是中铁大桥局党委在新时代深入贯彻党中央全面从严治党新要求、推动全面从严治党向基层延伸的创新之举。其中,创建"全面从严治党示范党支部"活动是中铁大桥局党委提升党支部建设水平的重要载体和抓手,明确了"以发挥作用为重点,突出政治功能""服务生产经营中心""与时俱进、务实创新"三项原则,树立了"党的一切工作到支部"的鲜明导向,抓严抓细抓实了支部党建,强化了党支部的战斗堡垒作用。打造"全面从严治党示范性工程"活动是中铁大桥局党委聚焦工程项目党的建设需要开展的品牌活动。该活动以工程项目为依托、以施工现场为阵地,用从严治党来统领工程项目建设各项工作,切实将项目党建工作全面"融入"、有效"内嵌"到项目管理和施工生产中去,通过项目党建的坚强有力确保项目生产经营各项目标的实现,进而推动企业高质量发展。图3为中铁大桥局连镇铁路五峰山大桥党员干部在党旗下宣誓。

(三)加强三基建设,打造坚强战斗堡垒

中铁大桥局党委牢固树立"聚焦基层抓党建、抓好党建强基层、建强基层促发展"的

图 3　中铁大桥局连镇铁路五峰山大桥党员干部在党旗下宣誓

鲜明导向,紧紧抓住"基本组织、基本队伍、基本制度"三基建设这一关键,持续推进全面从严治党向基层延伸、在基层生根。夯实基本组织,认真落实"四同步""四对接"要求,及时成立、调整或撤销相应的基层党组织,结合企业实际科学推进区域党建、联合党支部建设,确保党的组织、党的工作、党的活动全覆盖。建强基本队伍,聚焦企业高质量发展和生产经营中心任务,充分发挥基层党组织书记头雁作用、党务干部表率作用和党员骨干作用。分层分级做好基层党组织书记和党务干部的培训工作,突出实务实操,提升基层党建工作实力。健全基本制度,建立更加突出政治功能、更好发挥服务功能等为重点的基层党建制度体系,持续加强党支部"晋位升级"管理,坚决整顿基层软弱涣散的党组织,提高支部工作的标准化和规范化水平。

(四)做到四个融合,把党建优势转化为发展效能

中铁大桥局党委顺应新时代推进国有企业治理体系和治理能力现代化的改革大势,从公司治理、生产经营、品牌文化建设、履行社会责任等四个方面,探索将党的领导全面融入公司发展各个环节的现实路径。与公司治理相融合,即将党的领导融入决策,坚持"党委、董事会、经理层"各治理主体既不能缺位也不能越位的原则,落实党建工作要求进章程,完善"双向进入、交叉任职"领导体制,加强党委履职能力建设,规范前置程序流程设计,以办文模块化、办会标准化、办事流程化的"三化"建设思路提高决策效率。将党的领导融入制度,构建"1+3"决策制度体系,修订党委常委会议事规则、董事会议事规则和总经理办公会议事规则,重点完善重大事项决策的权责清单和决策流程。将党的领

导融入监督,以党内监督为主导,加强政治监督,支持纪委监督,狠抓作风建设,统筹并支持出资人监督、审计监督、职工民主监督、舆论监督等,使之充分发挥作用,推动各类监督有机贯通、相互协调,形成决策科学、执行坚决、监督有力的权力运行机制。与生产经营相融合,即将党的领导融入经营。党委不直接干预经理层的日常经营管理,保障经理层依法行使经营管理权,依托组织优势贯彻党委意见,把党委的决策意图落实到经营管理计划和发展责任之中。建立"战略规划－专项规划－行动计划"三级规划体系。党委根据自身资源禀赋、功能定位,前置研究讨论战略规划和重大专项规划、改革发展总体方案,明确方向、目标与原则。经理层具体组织实施,并制定专项规划与行动计划。将党的领导融入生产,坚持党管干部、党管人才,树立大抓基层的鲜明导向,坚持"将支部建到桥墩上",推动党的组织和工作全覆盖,大力开展"共产党员先锋工程""创岗建区""党旗在基层一线高高飘扬"、劳动竞赛、青年安全质量监督岗等党建实践活动,充分发挥广大党员先锋模范作用。与品牌文化建设相融合,即重视发挥文化软实力作用,持续丰富中铁大桥局特色"桥文化"的内涵和外延,推动"桥文化"和"开路先锋"文化融会贯通,形成"上下统一、全员参与"的企业品牌文化建设工作格局,使之成为广大职工建功新时代的精神高地,始终绷紧意识形态斗争这根弦,构建全媒体传播体系,把社会主义核心价值观以及企业使命和企业精神融入企业管理,用主流思想引领职工群众思想,用改革发展成效提振职工群众信心。与履行社会责任相融合,即站稳国有企业"人民立场",坚持经济效益与社会效益的有机统一,将为人民提供优质精品工程作为履行社会责任的首要任务,以"实现企业更高质量发展""守护好、发展好全体人民共同财富"为最大责任,同时纵深推进"我为群众办实事"实践活动,让企业改革发展成果更多更公平惠及全体职工,并积极投身乡村振兴、疫情防控、救灾救援、社会公益等事业。图4为中铁大桥局孟加拉国帕德玛大桥项目部开展主题党日活动。

图4 中铁大桥局孟加拉国帕德玛大桥项目部开展主题党日活动

(五)突出五维重点,做到协同并进

坚持"纵向到底、横向到边"的工作原则,确保党建工作在企业实现全覆盖、无遗漏、无死角,并聚焦企业、机关、联合方(相关方)、项目、境外等五个工作维度特点,突出重点、有的放矢。聚焦企业党建,突出发挥国有企业党委把方向、管大局、促落实作用,推动党中央和上级党委决策部署落实落地,谋划推动本级各项工作,做好对下级党组织监督指导工作。聚焦机关党建,以强化作风建设为重点,在各级机关营造"凡事在心不在形""讲标准、讲规矩、讲程序"的氛围,形成科学办事、规范办事、高效办事的习惯,发扬真抓实干、勇于担当、精诚团结的作风,推动各级机关工作效能和服务能力提升,以机关作风建设带动全局作风改进提升。聚焦项目党建,坚持"一切工作到项目"的工作导向,着力在思想认识、工作质量、作用发挥、品牌建设、凝心聚力等各方面不断提升,切实发挥项目党组织战斗堡垒作用和党员先锋模范作用。聚焦联合党建,以党建优势资源互补、推动生产经营一体化、营造良好发展环境为目标,在企业内部探索相近区域内子分公司、片区指挥部、项目部连线成面、资源共建、齐抓共管、服务一线的党建工作模式,同时积极联动业主、地方、上下游企业开展共建活动、组建党建联盟,充分发挥党建工作纽带作用和促进生产经营作用。聚焦境外党建,遵循"五不公开"原则,创新推进具有大桥局特色的"同、融、化"境外党建三字工作法。"同"即内外有别、能同尽同。对内保持对党员的教育、管理、监督职责不变,公司重要会议同步连线,主题教育同步开展,通过企业各类信息平台加强与境外党组织、党员的联系,确保境外员工队伍听党话跟党走;对外则考虑到所在国的法律、宗教和社会环境的接受程度,在活动形式和范围上做适当调整。"融"即主动融入、能融尽融。加强与驻地中国使领馆的联系,严格执行报告制度。面对新冠疫情,科学合理规划中方员工和外籍员工的生活区域,积极向外籍员工宣传中国的优秀抗疫经验和项目部防疫举措,消除外籍员工思想恐慌。"化"即凝聚人心,能化尽化。加强海外思想政治工作,指导境外项目党组织开展了"知党史、听党话、感党恩、跟党走"支部书记讲党课、党员座谈会以及趣味运动会、"大干100天"等系列活动,有力推进项目生产经营。图5为中铁大桥局青年党员利用工余时间认真学习习近平总书记重要讲话精神。

(六)实施六桥工程,明确实践脉络

围绕加强党的领导、思想政治建设、党风廉政建设、干部队伍建设、品牌文化建设、幸福企业建设等六项重点工作,实施"六桥工程"。"红心桥"工程,即坚持党的领导和加强党的建设,强化政治建设、思想建设和组织建设,深入推进全面从严治党,坚持"两个一以

图5 中铁大桥局青年党员利用工余时间认真学习习近平总书记重要讲话精神

贯之",当好"顶梁柱",做好"压舱石",根植企业红色基因,传承红色血脉,筑牢广大员工"爱党爱国爱企,理想信念情怀""怀爱企之心、尽爱企之责、出爱企之力、建爱企之功"之基。"连心桥"工程,即做实企业员工思想政治工作,加强企业群团工作和企地共建工作,开展好凤凰山讲坛、"大桥杯"劳动竞赛、青年安全质量监督岗等品牌活动,加强企业与员工之间共创共享共荣的纽带,构建企业和外部单位之间互信融洽共赢的关系,为企业高质量发展营造良好内外部环境。"廉洁桥"工程,即始终坚持严的主基调,推进全面从严治党各项要求在企业落实落地,从制度、改革、教育、监督和惩处等方面整体推进党风廉政建设和反腐败工作,严格落实中央八项规定及其实施细则精神,驰而不息纠治"四风",防范化解企业廉洁风险。"育人桥"工程,即实施人才兴企业战略,坚持党管干部、党管人才原则,坚持以素质提升和结构优化为主线,完善选人用人制度体系,持续加强"六支人才队伍"建设,大力开展企业先进模范人物和集体的培育选树、"双导师带徒"、内部研究生培养等工作,建强企业干部人才队伍。"文化桥"工程,即落实宣传文化工作使命任务,大力弘扬开路先锋文化和天堑通途特色桥文化,丰富企业精神文明建设,加强企业品牌建设与传播,对内统一思想,凝聚力量,对外树立品牌,展示形象。"幸福桥"工程,即持续落实"共创价值、共享成果"理念,大力实施"三工"建设,"三让三不让",持续唱响"六送"四季歌,打造"幸福驿站"等员工关爱行动和幸福企业创建活动,增强员工创新创效动能,岗位建功、岗位奉献。

三、构建严密制度体系,确保党建工作责任贯通

中铁大桥局党委以"桥头堡·党建"品牌"六桥工程"为基础,一方面将党建管理制度

与公司治理制度、基础管理制度、监督控制制度相贯通;另一方面根据管理的层次、幅度不同,分层分类健全各层级党建管理规则、办法和细则,构建了横向到边、纵向到底的制度体系,为各项工作提供有效的依据和保障。

具体而言,在"红心桥"工程方面,聚焦落实党的全面领导路径不通的问题,建立总揽全局、协调各方的党的领导制度体系,把党的领导落实到公司治理各领域、各方面、各环节。在"连心桥"工程方面,聚焦进入新时代员工在利益诉求、价值取向、思想观念上呈现多元多样多变的新特征的挑战,通过创新思想政治工作各项工作制度,全面提高企业的凝聚力和向心力。在"廉洁桥"工程方面,聚焦企业高质量发展需要风清气正发展环境的问题,通过制度将全面从严治党嵌入企业生产经营的各环节,促进党内监督同其他监督贯通协同,构建大监督格局,推动党风廉政建设与企业风险管控深度融合。在"育人桥"工程方面,聚焦高素质专业化的干部队伍需求,加强党对人才工作的全面领导,严格并创新选人用人育人制度,为企业高质量发展培养忠诚干净担当的高素质干部队伍。在"文化桥"工程方面,聚焦爱党爱国爱企的文化底蕴仍须厚植的问题,从制度上为传承和弘扬红色文化、开路先锋文化、天堑通途特色桥文化、创新文化等搭建载体、提供抓手,充分调动起党员干部职工爱党爱国爱企的热情。在"幸福桥"工程方面,聚焦共创共享共荣的和谐基础要持续夯实的问题,充分发挥党建政治引领作用,建立健全了企业员工认可机制和关爱机制,提升了员工的价值感、获得感和幸福感,从而使党建工作与幸福企业建设互促互进、和谐共频。

同时,中铁大桥局党委持续加强党建相关制度的"废改立"工作,根据上级单位相关制度和企业实际工作情况变化,及时对各项制度进行更新,动态调整发布制度清单。

四、丰富品牌结构体系,推动党建成果百花齐放

如图6所示,中铁大桥局党委着力构建"一主多元"的结构体系,明确"桥头堡·党建"品牌为集团公司党建主品牌,鼓励所属各单位(各级党组织)围绕主品牌,结合各自发展历史、当地文化、工作亮点等要素构建各具特色的党建子品牌,努力实现"一单位一品牌""一支部一特色",从而不断丰富"桥头堡"党建品牌矩阵。目前,中铁大桥局"桥头堡·党建"品牌体系逐步扩充,产生了七公司"六合大党建"、物资公司"物链先锋"党建、新能源指挥部"桥之风"党建、大渡河大桥项目部"天路飞虹"党建等党建子品牌,部分党建子品牌已在社会媒体或行业内部进行了经验交流。中铁大桥局党委还总结推出了一批特色亮点突出、实践成效显著、具有可推广性的优秀实践成果,首批32项优秀实践创新成果已汇编成册,供内外交流分享。

图6　桥头堡·党建品牌结构体系

五、统筹规范考评体系，强化党建考核闭环管理

中铁大桥局党委切实用好考评指挥棒，以考准考实党建工作实绩为导向，建立起11项科学全面、精准实效、互为相关的党建考核项目，强化党建工作与生产经营之间的内在联系，把考核结果与干部选拔任用、激励奖惩和监督管理结合起来，充分调动党员领导干部的积极性、主动性和自觉性，确保各项党建工作落实落地落细。

例如，党建工作标准化及责任制考核结果作为领导人员任免奖惩的重要依据；党支部晋位升级考核结果作为提供党支部党建工作经费、党内表彰和党支部书记培养使用依据；根据领导班子和领导人员综合考核评价结果，针对领导班子整体运行状况不好、凝聚力战斗力不强、不担当不作为、业绩不突出、干部职工意见较大、年度综合考核评价较差等情况，经综合分析研判，视情况对主要负责人和相关负责人进行调整；党风廉政建设责任制考核结果与年度业绩考核挂钩，凡因落实党风廉政建设责任不力受到责任追究的，在提拔使用时按有关规定办理；等等。

六、打造"桥头堡·党建"品牌的成效

通过打造"桥头堡·党建"品牌,中铁大桥局党委坚持党的领导、加强党的建设的信念更加坚定,以党建促发展的成效更加显著。

(1)党建融入企业治理,助推保持千亿发展规模。"十三五"期间,中铁大桥局新签合同额较"十二五"翻了近一倍,年新签合同额突破了千亿大关。2021年,中铁大桥局继续保持千亿级发展规模,并走在国企改革的前列,入选了国务院国资委"管理标杆企业"。

(2)党建引领科技创新,人才技术高地持续夯实。70年来,中铁大桥局先后培养了中国科学院院士1名、中国工程院院士4名、全国工程勘察设计大师7名,更涌现了大量的劳动模范、革新能手和先进工作者,先后获各类国家科学技术奖33项、国内外专利授权1649项。

(3)党建保障施工生产,铸造精品工程回报社会。中铁大桥局党委坚持"工作推进到哪里,党组织就建在哪里,党建工作就延伸到哪里",使党建工作真正融入施工生产各个环节,充分发挥了基层党组织战斗堡垒作用。70年来,中铁大桥局建设了3000余座精品桥梁,并荣获了中国质量奖。

"桥头堡·党建"品牌对内是党建思路和工作理念的结合,对外是特色名片和形象标杆。中铁大桥局党委将继续牢固树立党建"做实就是生产力、做强就是竞争力、做细就是凝聚力"的价值创造理念,把"桥头堡·党建"品牌打造成党建工作的标杆、指引和窗口,全面提升党建工作水平和效能,为推动企业高质量发展提供坚强的保障和不竭的动力。

画好思想同心圆,激发支部堡垒战斗力

一、案例背景

随着国企改革的纵深推进,特别是在"百年未有之大变局"的错综复杂的国内外形势下,多元思潮的相互交锋,人们的思维模式、心理结构也发生着深刻变化。作为"听党指挥"的中央企业,我们必须筑牢思想阵地,激发创新创造的内生动力,凝聚拼闯争先的奋进合力。人心齐,泰山移。从国企党建工作实践来看,凝聚广大职工统一思想、奋发作为是党建工作一切价值创造的基础,但要真正做到也实非易事。思想工作的深度、广度、力度直接决定了基层党建工作成效的质量和成色。新形势下,国企职工的思想引领工作面临的形势发生深刻变化。

(一)群体迭代导致的变化

随着"80后""90后"甚至"00后"等新生代逐渐成为国企发展的主力军,主流职工群体的世界观、人生观、价值观、职业观发生深刻变革。相较于传统价值体系下艰苦奋斗的精神,当代职场更崇尚科学高效的工作方法,更注重工作与生活的平衡,更在意职场中公平公正的价值追求,更追求个性自由与独特,更重视工作环境的宽松、人际交往的尊重与自我价值的实现。这些变化对企业的文化塑造与职业精神都产生了重大影响。

(二)国企职工对企业的人身依附性减弱

从国企发展历程来看,传统国企职工选择一个企业从一而终的情况比比皆是。大部分国企职工以企为家,对企业的人身依附性很强,国企职工的工作、生活、社交高度圈层化,职工与企业形成了强烈的一荣俱荣、一损俱损的利益共同体。而随着国企改革的纵深推进,现代企业治理体系的不断完善,国企职工与企业劳动关系的契约性越来越强。且随着国家经济发展的整体跃升,当代职工的家庭经济基础越来越好,对职业的选择更加多元,因此对企业的人身依附性更低。

(三)薪酬分配改革后社会优越感降低

从纵向来看,国企改革取得了巨大的发展成就,为国家和社会创造了大量的财富,职工个人薪酬福利等也获得了长足的发展。但从横向来看,国企职工的薪酬福利等收入,与同时期其他非公有制经济体的收入差距逐渐减小。传统国企职工在企业自营的医院、学校、社区等等方面的福利保障优势逐渐下降,在政治、经济乃至整个社会方面的优越感逐步下降。而与此同时,随着绝大部分国企充分进入市场竞争环境,国企职工的工作强度、工作要求与能力标准也与市场高度趋同,致使国企的优越性对职工和吸引力有所减弱。

(四)群众路线落实不足导致共情基础薄弱

当前,党群干群关系从总体上和宏观上看是健康的、和谐的,但在局部地方、特定时段、特定环境和具体工作上仍然存在疏远、紧张甚至冲突的情况。部分国企基层党组织履职不足,组织生活制度落实不到位,官僚主义、形式主义依然存在,以上下级为主的管理关系和以行政命令为主的管理行为冲淡了党内民主氛围。同时,部分领导干部联系群众不足,与基层管理实际和一线职工群众的需求脱节,与普通职工的心理距离感拉大,共情基础有所动摇,党组织和领导干部的权威性和号召力没有得到充分发挥。这些都是严重制约国企加强思想政治引领,凝聚发展共识的重要因素。

二、实施目标

为进一步强化思想引领,加强国企党的领导和党的建设,中建三局三公司党委坚定政治站位,勇担发展使命,以"3+3+3"为抓手,即淬炼"三心"——初心引领、匠心凝聚、暖心感召,聚力"三强"——强组织、强队伍、强文化,打造"三共"——战略共谋、责任共担、成果共享,进一步统一全员思想、激发组织活力、凝聚奋进力量,推动企业改革兴业取得重要突破。其中,"三心"是思想基础,即要求广大国企干部职工牢牢把握国企的根本属性,牢记自身的政治使命,牢记为民服务的宗旨,牢记自身发展使命在党和国家战略发展布局中的定位,只有进一步增强了在国企岗位建功的自信心、自豪感、荣誉感,才能增强政治认同,并厚植为企业发展凝心聚力的思想根基。"三强"是实施路径,即从组织建设、队伍建设、文化建设三个维度,为国企职工统一思想搭建体制机制,组织建设着力解决支部组织生活制度落实问题,致力于发挥基层支部战斗堡垒作用和党员示范引领作用,增强组织的先进性。队伍建设着力解决干部人才问题,致力于打造一支忠诚、干净、担当、专业的职业化团队,通过优化选人用人机制,盘活一池春水,激发全员向上向善、拼闯争先的干事氛围。文化建设着力解决企业精神内核与价值取向问题,致力于形成更加积极活跃、团结拼闯、争先奋进、公平公正的内生自驱型文化氛围,促进文化认同。"三共"是出发点和落脚点,通过战略共谋增强职工在企业发展与治理中的参与感,通过责任共担增强同舟共济的使命感与荣誉感,通过成果共享实现分配终端的公平公正,从而不断夯实广大干部职工统一思想、争先奋进的发展土壤。

三、实践路径

(一)淬炼"三心",牢记国之大者的时代责任

强根,党的领导对国有企业党组织建设的重要性好比树根,无本之木无法长成大树形成森林。铸魂,思想对国有企业党组织建设的重要性好比灵魂,思想引领方向,方向决定道路。无论国家还是企业,都必须强心铸魂,增强每一名干部职工的政治引领力、思想凝聚力、奋进向心力。

1. 初心引领，坚定政治站位

习近平总书记在全国国有企业党的建设工作会议上指出，坚持党的领导、加强党的建设，是我国国有企业的光荣传统，是国有企业的"根"和"魂"，是我国国有企业的独特优势。要坚持党要管党、从严治党，坚持党对国有企业的领导不动摇，发挥企业党组织的领导核心和政治核心作用，保证党和国家方针政策、重大部署在国有企业贯彻执行。公司党委始终坚持"国企姓党"的根本属性，深入学习贯彻习近平新时代中国特色社会主义思想，增强"四个意识"，坚定"四个自信"，做到"两个维护"，不断提高各级党员领导干部的政治判断力、政治领悟力、政治执行力。中建三局三公司成立于1953年，从重庆出发，70载风雨兼程，历经三次"千里大转移"。从投身"一五""二五"计划和"三线建设"，在火红年代中锻造红色基因；到逐浪改革大潮，在市场熔炉中铸就争先品格；再到参与"两山"医院建设，在抗疫一线淬炼初心本色，将红色血脉代代传承。近年来，公司党委全面落实"国企改革三年行动方案"，推进"党建进章程、进制度"，修订公司"三重一大"决策议事制度和党委会工作规则，落实党组织决策前置要求和"第一议题"学习，全面覆盖"一肩挑"领导体制，将党的领导嵌入企业治理结构。通过坚定政治站位，压实央企为党为国的政治责任，进一步激励广大央企职工增强与国同行的政治担当。

2. 匠心凝聚，传承品质发展

作为建筑行业的主力军，中建三局三公司始终聚焦匠心制造和价值创造，以品质履约筑造精品工程，拓展幸福空间。"十三五"期间，公司运营品质持续提升，发展规模稳健增长，成为湖北省唯一具备石化特级资质的企业、中建集团首家"三特三甲"号码公司。首次通过国家高新技术企业认定，全球首创桥梁施工"造塔机"，全国首创"住宅造楼机"，首次获评全国建筑业AAA级信用企业，被授予全国"重合同·守信用"企业、全国优秀施工企业、中国建筑业协会功勋企业，聚焦转型升级，高端房建持续跨越，基础设施突飞猛进，打造出道桥隧、石油化工两条优质产品线。坚定"海外优先"战略，设立5个国别组，成功进军马来西亚、印度、印尼、刚果金市场。新增鲁班国优奖10项，揽获中国钢结构金奖3项、中国安装之星3项、詹天佑奖2项，荣获省市优质工程82项。荣获全国文明单位、全国五一劳动奖状、中央企业先进基层党组织等省部级以上荣誉126项，企业品牌更加响亮。

3. 暖心感召，彰显央企担当

作为"六种力量"的典范，央企有自己伟大而独特的使命和担当。与一般性非公有制经济相比，央企的政治属性和经济属性同样重要。特别是在为民服务的发展宗旨上，央企积极稳供应、保民生、促就业，在服务民生保障、回应民生诉求等方面勇担时代重任。近几年，公司党委通过产业扶贫、消费扶贫、就业扶贫等，圆满完成湖北神农架、甘肃康县等地定点帮扶的脱贫攻坚任务。连续多年支援湖北、河南、江西等属地抗洪抢险工作,积极参与四川、甘肃、新疆等多地救灾救援,十余天建成武汉"两山医院",100天建成武汉年产10亿支新冠疫苗生产基地,参与香港、上海、泉州、长春等多地疫情防控点和方舱医院建设,有力地彰显了央企责任担当。

(二)聚力"三强",筑牢克难攻坚的战斗堡垒

1. 强组织机体,夯实基层堡垒

深化基层学习成效,公司党委创新学习形式,开展"寻找初心"主题活动,从百年党史和公司70年的创业发展史中汲取创新发展的智慧和力量。结合党委中心组扩大学习,创办"大家讲堂",推进领导班子及部门负责人联学轮学。贯彻落实新发展理念的大学习、大讨论、大落实,开展专题读书研讨会。聚焦"项目管理好 团队建设优"开展新发展论坛。组织优秀党员、劳模等成立"百人宣讲团",深入一线开展主题巡讲活动。创新制作了《竹板声声给党听》之类说唱快板、歌舞剧等传播度高的短视频文化作品。加强支部党建标准化与信息化建设,结合每月支部学习任务清单和公司重要主题,统一编发《党建智库》。制定全员学习积分管理制度,分级分类明确学习责任。开发党员"智考"平台,实时检验全员学习成效。强化联建共建,促进与区域内政企、社企、校企、企企等多个主体之间的资源整合、责任共担、协同并进。近期,武汉市洪山区委与公司党委组织中心组联组学习,以"解难题、稳增长、促发展"为主题,通过完善常态化联络沟通机制,及时回应企业诉求,提供业务协调、办事指引等多方面服务,推动系列政策措施落地见效。

2. 强队伍立身,提升职业素养

"为政之要,莫先于用人。"各行各业的竞争,归根结底都是人才的竞争,尤其是高素质、高水平人才的竞争,而一支优秀的队伍,不仅要能吸引高素质人才,更要会培育高素质人才,实现人才队伍的良性循环。近几年,公司党委加速推进职业化团队建设,坚持以争先有为者为本,以"项目管理好、团队建设优"为主线,围绕心态、形象、状态三个提升,努力锻造一支具有家国情怀之格局视野、拼闯争先之价值追求、科学系统之专业素养、专注务实之工作习惯的卓越团队。优化用人导向,坚持"凭德才、重经历、看业绩、听公论、识状态"的用人原则,更加突出业绩导向,弱化隐形台阶,干部选拔机制更优。积极探索"揭榜挂帅""沙场点兵",加速推进领导班子任期制与契约化改革,并已全覆盖推进至司属各级领导班子成员。领导班子年度综合评价更加刚性,考核结果强制排序。岗位退出实行"双达标机制",即业绩考核和综合评价任一项不达标的,经综合分析研判后,均可终止任期、免去现职,并与机构分类分档强关联。加速人才培训,建立分层分类的"1+6"

人才管理体系,对人才的引进、配置、评价、激励、发展、退出等进行全流程管理,实现人员能进能出、干部能上能下、薪酬能增能减。构建了英才优选、雷霆战将、环球人才培养体系,分级分层制定能力提升方案。建立总量控制机制,明确退出类型,加大刚性退出力度。启动人才池管理,退出人员根据培训情况可重新上岗,提高人才队伍建设实效。

3. 强文化铸魂,激扬争先干劲

一是提炼文化特质。历史从哪里开始,精神就从哪里产生。公司始终战斗在党和人民最需要的地方,为党分忧、为国奉献、为民造福,成为企业代代传承的红色基因和精神底色。公司全面梳理文化发展源流,形成了"雷霆三实,拼闯争先"的文化特质。赴企业发源地重庆"寻根",深入开展"寻找初心"活动,深入挖掘"三线建设"时期企业与四川汽车制造厂的历史渊源,与红岩重型汽车博物馆共建爱国爱企教育基地,携手赓续弘扬"三线精神"。

二是经营文化IP。精心经营维护"三线建设""富山速度""中国速度"等文化IP,举办/承办"中外企业文化2021峰会"、抗"疫"先进事迹报告会,撰写报告文学《建证》,摄制老领导访谈录《征途》,制作党史学习教育视频《竹板声声给党听》《岁月·嘱托》、MV《搞么斯》《有板眼》《拼闯者》《我们的时代》,创编舞台剧《雷霆三实 拼闯争先》《架起争先的金桥》《寻找初心》,其中,《竹板声声给党听》登上《人民日报》,《搞么斯》荣获2021年工程建设企业文化作品竞赛二等奖。

三是深植变革基因。从"三线建设"时期破解山砂应用密码,荣获"全国科学大会奖",创造"山砂奇迹",到在国内率先应用日本精细化管理,在一片盐碱地上建起中外合资现代化厂房,开创"武田模式";从上海正大广场建设中勇当国际总承包管理先行者,淬炼"正大经验",到打通六国标准、带领十二国团队,在北非地震带上建起世界第三大清真寺,代言"中国建造"……党组织引领着每一次变革,孕育出行业最先进的生产力与生产关系,也将变革基因深植入企业的文化血脉。

四是选树雷霆战将。公司党委书记、董事长王延波作为荣获"全国五一劳动奖状"的企业代表,出席全国庆祝"五一"国际劳动节大会,在人民大会堂现场接受表彰,并作《以生命奔赴使命 用平凡筑造不凡》发言,《工人日报》全文刊发。举办抗击新冠疫情先进事迹报告会,开展劳动模范、抗"疫"先锋、最美一线职工、"双百"先锋评选表彰,公司微信号开通"雷霆战将"特色专栏,累计发布26期,以争先的舆论导向、鲜活的榜样力量,全面传递鲜明的价值取向。

(三)打造"三共",汇聚团结奋进的发展共识

力量生于团结,辉煌源自奋斗。凝聚团结奋进的发展共识是我们干事创业的基础。

有共识，才有动力；有共识，才能形成合力；有共识，才能减少阻力。大到一个国家、民族、社会，小到一个社区、单位、家庭，都需要形成共识、凝聚共识、增进共识，用共识来引导行动。但是，凝聚共识并不是一件容易的事。每个人的阅历、见识、思维、立场都是有所不同的，相互之间要理解、说服、认可、接纳，是需要耐心、智慧和方法的。

1. 战略共谋，实现发展同向

长期以来，思想政治工作强调的是个人对集体的服从，但"80后""90后""00后"的青年，更加追求"平等自由"、个性尊重和诉求表达，要想发挥好思想政治工作的引领作用，就必须把握好"服从共性"与"崇尚个性"之间的尺度，过于压抑的绝对服从，不仅不能达到管理目标，更易致使员工出现"反弹"消极思想，甚至放弃离开。而战略规划的共同谋划，既能增强广大员工对制定企业发展方向的参与感，也能激发职工的主人翁意识，提高战略规划的科学性，凝聚更多的发展共识，进而缔造企兴我荣、休戚与共的职业追求。近期，公司通过对司属各单位、各系统、各部门、各项目反复的调研、座谈、研讨、征集，汇总酝酿全体职工对公司改革兴业的意见建议，出台了《公司"十四五"战略规划》《关于推进企业高质量发展实施意见》《工作方法三十条》，从战略目标、路径与方法三个维度锚定了公司的奋斗方位，引导全体员工在奔跑中调整姿态，助力加快攻坚破局。

2. 责任共担，实现绩效同考（核）

责任共担才能利益共享。近年来，公司加速推进绩效改革。构建了"组织、部门、员工"三位一体的绩效体系，把指标制定和战略解码结合起来，构建了横向贯通纵向传递的绩效体系。围绕"业绩好、激励强、回报高"的导向，凸显考核结果与绩效激励的强关联，将绩效考核结果与薪酬激励、评优评先、干部管理、岗位调整、职级管理、培训开发等紧密挂钩。深化员工绩效结果应用，总部奖金总包与企业经营的核心指标深度挂钩，部门奖金包与部门的业绩考核深度挂钩；科学设置各类挂钩系数，拉大绩效奖金的差异化水平；考核结果应用在员工评先评优、职级调整等方面，以绩效结果确定人员淘汰标准，畅通绩效决定薪酬增减、职级上下、人员进出的渠道。强制分级分档，拉大绩效奖金的差异化水平。考核结果应用在员工评先评优、职级调整等方面，以绩效结果确定人员淘汰标准，畅通绩效决定薪酬增减、职级上下、人员进出的渠道，建立公平公正公开的奋进赛道。

3. 成果共享，实现幸福同甘

习近平总书记多次强调，使发展成果更多更公平惠及全体人民，朝着共同富裕方向稳步前进。共享发展理念，作为新发展理念的重要内容，也体现了社会主义的本质。坚持发展成果共享，也是国企践行以人民为中心的发展宗旨。

一是落实利益共享。发展成果由人民共享，就要在不断做大"蛋糕"的同时，注重分好"蛋糕"。进一步优化分配导向和管理原则,更加突出薪酬总额控制和绩效激励,建立一套固定薪酬有保障、绩效奖金强激励、专项奖励做补充的薪酬分配体系,做到稳中有升,能增能减,倾斜一线,及时兑现,提升员工的获得感与幸福感。近年来,公司职工收入年均增幅7.5%。完成"三供一业"和退休人员社会化管理移交,离退休人员年人均企业福利由3472元提高至6638元。走访慰问海内外生活困难员工400余人次,向建档困难职工发放补助120余万元,顺利实现全司国家级建档困难职工全部脱困。创新贯彻"四必三送",开展海外职工关爱和亲情连线,加强海外防疫保障。严格落实员工体检,组织劳模和优秀员工疗养,职工归属感、获得感、幸福感切实提高。

二是促进权利共享。"80后""90后""00后"更加注重自身对企业发展的参与感,我们更应该兼容并包,正视各种思想的变化、观点的发声。公司党委组织优秀青年成长汇报会、杰出青年及劳模座谈会、新员工见面交流会、青年新发展论坛等主题活动,加强统战人士建言献策工作室、"金点子"征集等,鼓励全体员工为企业发展建言献策。结合基层党建调研、职工代表座谈、年终综合管理评价和党建责任制考核等,组织对企业发展情况的测评,征集个性化合理建议,给予广大职工更加开放充分的话语权。摒弃传统"填鸭式"的说教灌输,充分尊重受众,创新制作《竹板声声给党听》《我们的时代》《拼闯者》等短视频文化作品,用广大职工喜爱的、新颖的传播方式,赞颂以苦为乐的实干精神,潜移默化地形成职工为企自豪、为企争光的情感共鸣。

三是加强荣誉共享。广大职工对企业的认同感、归属感、荣誉感是其主人翁意识的具体体现,是形成企兴我荣的思想基础。公司党委通过树立正面典型、激励先进、鞭策后进,打造"网红",相继推出了"双百先锋""雷霆战将""劳动模范""杰出青年""十佳劳务工人"等多层级荣誉体系。创新传播形式,推介社会主流媒体采访报道、同步开启网络直播,给每位奖励者贴上"特色标签",通过打造全面、立体的先模"网红",不断扩大更多正面典型影响力,从而聚积更多能量磁场。

四、实施成效

一是品质发展信心更足。近年来,公司运营品质持续提升,发展规模稳健增长,超额完成"十三五"目标任务。成功申报石化和市政两项施工总承包特级资质,成为湖北省唯一具备石化特级资质的企业、中建集团首家"三特三甲"号码公司。首次通过国家高新技术企业认定,全球首创桥梁施工"造塔机",全国首创"住宅造楼机",首次获评全国建筑业AAA级信用企业,被授予全国"重合同·守信用"企业、全国优秀施工企业、中国建筑业协会功勋企业,荣获全国文明单位、全国五一劳动奖状、中央企业先进基层党组织等省部级以上荣誉百余项,企业品牌更加响亮,品质发展信心更足。

二是组织活力动能更强。通过强化"三联",激发组织活力,进一步拉近了党组织与基层一线员工的距离,通过建立和完善常态化工作机制,充分激发基层党组织的战斗堡垒作用和党员的示范引领作用,落实党的群众路线,夯实基层群众基础。通过跨系统、跨单位间的联建共建,基层单位的资源对接效率显著提高,资源协调更加便捷,对接更加高效,形成了更强大的发展合力。

三是团结奋进作风更实。近年来,公司升级文化特质,以文化自信引领企业自强,将"雷霆三实,拼闯争先"熔铸成为新时代中建三局三公司人的精神信条,激发"干就干最好、争就争第一"的血性担当,树立"拼闯兴业、企兴我荣"的价值理念。通过司属单位领导班子竞聘等机制,遴选了一批政治坚定、能力突出、担当作为、干劲十足的领导干部队伍,加速推进职业化团队建设,围绕"心态、形象、状态"三个提升,全司干部队伍能力素养与精神面貌焕然一新。加强两级总部作风建设和内部巡视巡察,在"作风""致力"与执纪问责上动真格,不断强化规矩意识,全司干事创业氛围风清气正。

五、主要经验

(1)政治认同是根本。要做好国企职工的思想政治教育,就必须旗帜鲜明的带头讲政治,筑牢央企的红色根魂,以高度的政治认同夯实思想基础。

(2)战略认同是基础。战略认同是广大干部职工职业选择的基础,也是干事奋进、拼闯争先的自信源泉。只有真正认同企业的战略发展目标、路径和方法,才能缔造企兴我荣、休戚与共的职业共同体。

(3)文化认同是保障。企业文化是企业高质量发展的内生动力,加强文化建设,才能真正做到让全体职工把企业精神内核内化于心、外化于行,形成企业高质量发展的合力。

坚定不移将"先锋11365"党建品牌推向新境界

国网山西省电力公司长治市潞州区供电公司(以下简称:国网潞州区公司)始终坚持旗帜鲜明讲政治、守正创新创品牌,将争做时代先锋作为价值维度,将365天全天候保持先进性作为时间维度,将全员全方位创先争优作为空间维度,用心打造"先锋11365"党建品牌,走出了一条党员争先讲品行、全员创优讲品位、党建创新讲品牌的全新道路。

回望来时的路、比较别人的路、眺望前行的路,国网潞州区公司在"先锋11365"党建品牌的打造过程中看到了前途、尝到了甜头。并将坚定不移实现由"被动"到"主动"、"守旧"到"创新"、"理论"到"实践"、"有没有"到"好不好"、"打造品牌"到"擦亮品牌"的大转变,将"先锋11365"党建品牌推向新境界。

一、案例背景:直面问题想办法,由"被动"推向"主动"的新境界

国网潞州区公司作为国网长治市供电公司12个县区公司中规模最大的单位,多年来党建工作始终处于被动、落后的"跟跑"行列,导致的结果是生产经营等中心工作徘徊不前、举步维艰,干部职工的精气神和精神状态消极被动没有干劲,群众对党组织和党员的满意度不高。

如何解决被动落后的"跟跑"问题?如何调动干部员工的积极性主动性创造性?如何充分发挥党组织的战斗堡垒作用和党员的先锋模范作用?如何在短时间之内扭转被动局面进入先进行列?如何从根源上找到问题从而在战略上实现"心胜"?这些问题客观存在,必须面对、必须解决。这是一个基层党组织应有的政治站位和政治能力的体现,

不解决这样的问题,企业的发展就会失去"根"和"魂",就会失去持续发展进步的源头活水。

直面问题,就要抓住主要矛盾和矛盾的主要方面。综合存在的各方面问题,发现主要问题在于党建基础不实、党员队伍不强、党建引领不够。具体问题有党建工作长期"跟跑"、新闻宣传跟不上节奏、企业文化没有清晰的思路、重指标轻管理的现象普遍存在、青年员工培养力度不大、创新的后劲不足、争先的动力不够等。

解决这些问题,必须有提纲挈领的"抓手"。

二、品牌理念与实施目标:旗帜鲜明讲政治,由"守旧"推向"创新"的新境界

国网潞州区公司坚持直面问题、分析问题、解决问题,将长期落后的压力转化为奋勇赶超的动力,坚持从习近平新时代中国特色社会主义思想中找答案,从调查研究中找答案,从问题导向、目标导向、结果导向中找答案。

新时代中国共产党人就要争做时代先锋、民族脊梁、行业精英,作为中央企业、国有企业的国网公司的基层共产党员同样必须争做时代先锋。一年中做好多少天才是标准的呢?理所应当是365天。而这样的坚守和坚持必须旗帜鲜明讲政治,必须创先争优争创一流。

正是这样的学习思考和调查研究,国网潞州区公司确立了党建创新实践的基本思路:坚定"先锋11365"创正新实践,用心打造"先锋11365"党建品牌。

这里的第一个"1"就是聚焦一条主线:旗帜鲜明讲政治。就是要理直气壮抓党建,而不是遮遮掩掩;就是要党员带头做表率,而不是"羞羞答答"。

第二个"1"就是紧盯一个目标:创先争优争创一流。实践是检验真理的唯一标准,党建引领的实效如何、党员带头的作用怎样都必须以业绩和成效来说明。

"3"就是突出三个重点:抓实党建基础、加强党员队伍、抓好党建引领。这是"先锋11365"党建品牌的主要抓手,必须持之以恒地突出这样的重点。

"6"就是实施六项行动:筑"根"铸"魂"行动、文化赋能行动、人才强企行动、品牌登高行动、管理提升行动、创新创优行动。这是"先锋11365"党建品牌的主要内容,必须细化执行抓出成效。

"5"就是提升五种能力:政治引领力、安全管控力、服务保障力、创新驱动力、对标争先力。这是"先锋11365"党建品牌的目标方向,必须坚定不移着力提升。

"先锋11365"党建品牌,既突出了"先锋"的定位和标准,又聚焦"旗帜鲜明讲政治"的站位和高度。既强调了"365"天的坚持和坚守,又紧盯"创先争优争创一流"的奋斗目

标。其中,三项重点起到了"牛鼻子"的作用,六项行动丰富了党建创新实践的内涵和外延,五种能力展示了新时代企业基层党建的新作为和新使命。

三、实践路径:理直气壮抓党建,由"理论"推向"实践"的新境界

国网潞州区公司始终坚持"规定动作做到位、自选动作有创新",在创新实践中推动"先锋11365"党建品牌不断深入。

1. 聚焦管理管控,三个重点取得新成就

党建基础如何夯实?党员队伍怎样加强?党建引领怎么实现?国网潞州区公司强化党建基础管理、规范管理、创新管理,加强过程管控,创新实施党建台账"月度抽查、季度互查、半年度检查"制度,积极推行党建工作"月度学习、季度例会、半年度总结"制度,从而达到"资料共享、成果共有、人员共进"的目的。图1所示为公司开展的"参观红色基地 重温入党誓词"活动。

图1 开展"参观红色基地 重温入党誓词"活动

正是这样的管理和管控,党建基础得到了进一步夯实,党员先锋模范作用得到了进一步发挥,党建引领的效应逐步显现。

2. 聚焦带领引领,六项行动迈上新台阶。

实施六项行动,国网潞州区公司坚持的是问题导向和目标导向,强化的是党建引领

和党员带领的作用。

六项行动既有"统一步调",又有"分解动作";既有年度安排,又有月度计划;既有理论武装,又有具体实践。国网潞州区公司坚持统筹兼顾、标本兼治、"软硬兼施",重点实施六项行动。

通过实施六项行动——筑"根"铸"魂"行动、文化赋能行动、人才强企行动、品牌登高行动、管理提升行动、创新创优行动,"先锋11365"党建品牌效应得到了突显。从而实现了政治站位有高度、理论学习有深度、视野开阔有广度、从严治党有力度、服务群众有温度、党建创新有亮度。从而实现了六项行动的初衷和目的。图2所示为公司开展"凝心聚力 亮旗登高"迎国庆贺中秋登山活动。

图2 开展"凝心聚力 亮旗登高"迎国庆贺中秋登山活动

3. 聚焦落实落地,五种能力得到新提升。

聚焦政治引领力,国网潞州区公司始终坚持旗帜鲜明讲政治、理直气壮抓党建,高扬"国企姓党"的主旋律,将理论武装作为政治引领的根本所在,坚定不移执行"第一议题"制度,从习近平总书记的重要讲话中汲取先进智慧与营养。

聚焦安全管控力,国网潞州区公司始终坚持全员学安规、全局保安全,牢固树立党建引领、安全为先的理念。党总支年度内针对安全多次召开会议,营造浓厚的抓安全氛围。积极开展一年两次的安全合理化建议征集活动,共征集建议意见86条次。组织三次安全为主题的月度主题党日活动,强化全员安全意识,营造大抓安全的良好氛围。

聚焦服务保障力,国网潞州区公司始终坚持人民电业为人民的服务宗旨。开展了党员身边零投诉竞赛活动,2021年度和2022年度实现了党员身边零投诉的目标,同时也实现了全局年度服务类零投诉的目标。专业上实现了基建为生产服务、生产为营销服务、营销为客户服务,内部管控上实现了机关为基层服务、上级为下级服务、党员为群众服务、上道工序为下道工序服务。

聚焦创新驱动力,国网潞州区公司始终坚持人才是第一资源、创新是第一动力,大力营造党建创新带动专业创新、党员创新带领全员创新的浓厚氛围。组建创新攻关团队,聚焦管理创新和技术创新两个维度积极开展有针对性的创新,实现了创新数量、创新品质、参与创新人员比例三个维度的大幅提升。党建创新项目"'六个一'举措推动党建创新落地实践"取得长治市公司"感恩长供、创新有我"创新创意大赛一等奖的成绩。

聚焦对标争先力,国网潞州区公司始终坚持"实践是检验真理的唯一标准",牢固树立对标对表、创先争优的理念。成立卓越指标党员攻坚团队,形成常态机制,定期分析研讨、及时解决问题,不仅扭转了大党建被动落后的局面,而且第一次获得了长治市公司第一名的好成绩,实现了从"长期跟跑"到"领跑"的大逆转。图3为国网潞州区公司组织党员服务队参加重大活动保电工作。

图3　组织党员服务队参加重大活动保电工作

四、实施成效:坚定不移创品牌,由"有没有"推向"好不好"的新境界

通过近两年来的精心打造与全力实践,"先锋11365"党建品牌不仅实现了"有没有"到"好不好"的转变,而且在理论、实践、价值三个维度均得到了检验和广泛认同。

从创新实践到党建品牌,"先锋11365"在理论维度取得了大进步。坚定党建引领"先锋11365"创新实践,作为国网潞州区公司的党建品牌、创新实践、亮旗项目,在"学习强国""国企网""凤凰网""商业观察网"等网络媒体和《国企党建》《企业党建》《当代电力文化》《中国电力企业管理》《山西青年报》《长治日报》等报告上进行了广泛宣传报道。相关文章和研究成果入编了《全国企业党建创新优秀案例选集》(红旗出版社,2021年)和《全国电力企业管理创新论文集》;入选"2021年度中国基层领导力典型案例";获"全国企业文化优秀成果奖"二等奖(图4)、"全国企业党建创新优秀案例"、"第八届山西省管理现代化创新成果奖"二等奖等荣誉(共计一项国家级荣誉和八项省部级荣誉)。

图4 荣获"全国企业文化优秀成果奖"二等奖

从自身完善到主动引领,"先锋11365"在实践维度得到了大发展。"先锋11365"党建品牌打造以来,国网潞州区公司各项工作得到了大提升大进步大发展。突出体现在,提振了干部职工的精气神,提升了中心工作的能力和水平,提高了群众对党组织和党员的满意度。坚持党建引领、坚定百强目标,是国网潞州区公司2022年度的重点工作和奋斗目标。从没有人相信到团队自信、目标自信,从少数人干到大家齐心协力共同干,国网潞州区公司的百强奋斗目标如期实现,至今已荣获9个月国网百强县公司荣誉称号。"先锋11365"党建品牌将"不可能"变为了"可能"。

从业内认同到走向全国,"先锋11365"在价值维度得到了大创造。2021年,国网潞州区公司代表长治市公司迎接了山西省电力公司党史学习教育巡回指导组检查指导和山西省公司董事长、党委书记王政涛同志带队的调研指导,"先锋11365"党建品牌在两次检查中均得到了充分肯定和高度评价。与此同时,该党建品牌从业内走向了业外、从山西走向了全国,得到了行业内外党建专家的一致好评。

五、主要经验:坚守初心向未来,由"打造品牌"推向"擦亮品牌"的新境界

面向未来,如何将旗帜鲜明讲政治进行到底?如何坚定不移推动基层党建创新实践?如何进一步擦亮"先锋11365"党建品牌?国网潞州区公司将坚守初心使命、坚持党

建引领、坚定理想信念,始终如一地从习近平新时代中国特色社会主义思想中汲取奋进的智慧和力量,用心擦亮"先锋11365"党建品牌。具体要做到:

聚焦一条主线:旗帜鲜明讲政治。擦亮两个品牌:"先锋11365"党建品牌,百强品牌。武装三支队伍:领导干部,共产党员,青年骨干。紧盯四个重点:亮旗提质再登高的党建创新实践;太行黎明共产党员服务队活动的组织化制度化推动;共产党员岗区队的系统化规模化开展与创建;先锋11365党建品牌的走深走实。写好五篇文章:以党的二十大为契机,写好"理论武装"这篇文章;以"党建+安全""党建+对标""党建+创新"为重点,写好"党建引领"这篇文章;以制度化开展文体活动为抓手,写好"文化引导"这篇文章;以打造淮海营业站、城东供电所党小组窗口阵地为载体,写好"典型引路"这篇文章;以全面创建国网一流县公司为目标,写好"创先争优"这篇文章。

"红色轻骑兵"党建创新案例

你知道吗？在鄂西北高速公路上，有一支年轻的"红色轻骑兵"队伍，他们来自"示范基层党组织""先进基层党组织""省级示范站所""省级青年文明号"，他们用坚守书写担当、用专业拒绝平庸、用坚毅传唱理想。他们，在那一条蜿蜒的高速公路上激荡着青春誓言；他们，在那一片新兴的城镇社区里服务着千家万户。在新时代里他们传承"骑兵精神"，书写着交投青年全新的骑兵故事，他们的行动是追逐梦想的全力以赴、怀揣理想抱负的奋力拼搏、勤劳奉献的默默坚守、同心同向的奋勇向前。

下面，让我们来认识一下这支能打胜仗，又贴近群众的"红色轻骑兵"吧！

一、案例背景

湖北交投鄂西北运营公司第四党总支位于鄂豫陕三省边沿，汉江上游下段，秦岭巴山东延余脉褶皱缓坡地带，史称"五丁于蜀道，武陵之桃源"。下辖G59呼北高速郧十、十房两条路段，辖区高速全长129.6公里。涵盖了郧阳南、郧阳东、白桑关、刘洞、官山、土城管理所及第四综合巡检办7家单位，共有党员27名，其中正式党员22名、预备党员5名。该党总支先后于2016年、2017年、2021年被湖北交投集团评为"先进基层党组织""示范基层党组织"，其辖属各单位先后获省级荣誉4项、交投集团荣誉9项、市级荣誉3项、公司荣誉54项。

二、创建目标

第四党总支以创建"红色轻骑兵"党建品牌为核心,联合辖区高警、路政共同搭建"笃力同心·示范同行"的工作机制,努力推进所辖高速标准化示范路段的整体创建工作目标。

三、实施路径

为了不断提升基层党组织的政治领导力、思想引领力、群众组织力和社会号召力,实现"一支部一品牌"的目标,全面促进总支各项工作创出特色、创响品牌,第四党总支结合其自身特点及优势,积极开展了以"攻坚轻骑兵""宣传轻骑兵""文艺轻骑兵""推广轻骑兵""稽查轻骑兵""志愿服务轻骑兵""廉洁轻骑兵"为分支的"红色轻骑兵"特色品牌创建。

四、实施成效

在推进示范基层党组织创建工作中,第四党总支联合辖区高警、路政单位以创建警路企"红色轻骑兵"党建品牌为核心,共同搭建"笃力同心·示范同行"工作机制,带领全体党员率先开展"高速＋X",将鄂西北沿线的地方资源转化为经济优势,把"高速＋旅游,高速＋直播,高速＋特产,高速＋公益"等融入乡村振兴,在保障人民群众安全便捷出行的同时,也为十堰地方经济建设增添了一份实实在在的力量。

五、主要经验

湖北交投鄂西北运营公司第四党总支通过不断的摸索与创新,以规范组织设置、组织生活、活动场所、队伍建设、基本制度、基本保障等为主要内容,突出党建创建活动成果,进一步发挥党总支的战斗堡垒作用和党员的先锋模范作用;联合辖区高警、路政,从党建连心、支点联建、困难联解、处置联合、品牌联创五个方面出发,充分发挥"轻骑兵"优势,通过"七支兵",展现出湖北交投人拼力拼智、担当作为的奉献意识和奋斗精神。

(一)砥砺攻坚兵——"护航"是责任,也是使命

砥砺攻坚兵时刻守好每一班岗,为平安高速的建设保驾护航。他们,是一支迅捷、机动的安全先锋队。以第四综合巡检办为主体,联合辖区高警、路政、养护、机电单位以及站所安全员、兼职机电员等,着重发挥其灵活、机动特点,提高辖区路段巡查的便捷性,大大缩减路面突发情况到场时间,从而优化应急处置效率,全力为安畅舒适出行保驾护航。

1. 开展警路企联合应急演练

联合高警、路政、养护、机电、消防等各单位开展各类安全应急救援联合演练,提高砥砺攻坚兵应急处置能力,提升安全思维敏捷性,保障管段高速安全畅通。如图1~图4所示。

图1 开展G59呼北高速郧十段大华山隧道火灾事故应急救援联合演练

2. 开展警路企联勤联动活动

强化联勤联动机制,增进"一路共建""一路共创"友情,着力构建"高警吹哨、部门报道,平时联勤、战时联动"的工作机制,为广大人民群众的平安出行保驾护航,为高速公路的安全畅行赋能助力。如图5~图8所示。

图 2　开展防冻防滑应急联合演练

图 3　开展危化品车辆火灾事故应急联合演练

图 4　开展消防联合应急演练

图 5　开展联勤联动会

图 6　开展"警路企"守护出行安全之路联动活动

图 7　开展"安全警钟日日鸣,平安大道天天行"联勤活动

图 8　开展涉路施工安全防护联动检查活动

3. 警路企联合安全生产及安全保畅工作

"一路多方"签订安全生产责任书,开展联合巡查、恶劣天气下及时采取应急措施,确保安全警钟长鸣不懈、安全管控万无一失。如图 9～图 12 所示。

图 9　雨雪恶劣天气救援社会车辆

图10 雨雪恶劣天气除雪保畅

图11 汛期"警路企"联合应急防汛

图12 在行人易入的高速点悬挂警示标牌

4. 日常养护安全巡检

有针对性地对隧道桥梁、高陡边坡、机电设备等重点部位开展日常巡查,营造安、畅、舒、美的道路通行环境。如图13、图14所示。

图13 联合路政单位利用无人机对郧十高速桥下空间进行排查

图14 巡查道路机电设备情况

(二)笃行宣传兵——脚踏实地,专注而持久,用"匠心"打磨作品

笃行宣传兵将精华放在镜头里,通过宣传报道、短视频等形式展现行业风采。他们,是一支独具匠心的文化先锋队。以各单位宣讲员、信息宣传能手为主体,积极在公司、总

支以及属地乡镇、社区范围内开展政治理论宣讲活动,不断推动习近平新时代中国特色社会主义思想"飞入寻常百姓家",进一步教育引导广大职工用党的创新理论武装头脑、指导实践、推动工作,同时不断增强总支党建品牌的认同度和传播度。

1. 短视频宣传拍摄

充分利用新媒体媒介,让员工化身湖北交投的记录者、创新故事的参与者、辉煌成就的贡献者,激励全体青年员工为集团高质量发展而努力奋斗。骑兵摄影小分队用影像全方位、多角度展示湖北交投的新形象、新变化,弘扬交投精神,展现青年风采!如图15、图16所示。

图15　拍摄收费站日常,宣传新政策

图16　拍摄"轻骑兵"别样风采,展现交投人新风貌

2. 警路企联合宣传

联合高警、路政深入沿线驻地村庄、学校开展安全法律法规宣传,缩短安全生产新知识、新动态、新视界与群众之间的距离,从"小切口"入手解决"大问题",以实际行动取信于民,共同建设美好家园。如图17、图18所示。

图 17 "警路企"联合进行法制宣传活动

图 18 "警路企"联合法制宣传进校园活动

3. 直播宣传活动

笃行宣传兵化身"公益大使",利用"云上直播"推广高速公路相关知识,实时播报路况服务信息,让广大司乘朋友身临其境的感受"不一样"的体验。如图 19 所示。

(三)红色文艺兵——向战而行、为战而歌

一支舞蹈、一首歌谣、一张照片、一段视频,不仅体现了青年党员们激情澎湃、朝气蓬勃的向上精神,还坚定了一心向党、顽强拼搏、努力奋进的交投人情怀。他们,是一支多才多艺的文艺先锋队。以各单位文艺骨干和文艺爱好者为主体,根据职工需要编排节目,为基层职工送欢乐,把服务职工和引导职工结合起来,增强责任担当,坚定文化自信,传递新时代向上向善的正能量。

图 19 "警路企"联合隧道应急事件处置教学直播

1. 参加各类文体活动

为丰富员工业余生活,增强"轻骑兵"凝聚力,以实际行动为员工办实事,第四党总支组织开展各类文体活动,让员工的业余爱好得到充分发挥。如图 20 所示。

图 20 "警路企"体能联建活动

2. 投身到各类演出活动之中

总支从声乐、舞蹈、表演、演讲、主持、短视频拍摄剪辑等方面不断挖掘培养了一批"文艺兵",激发青年员工勇于拼搏、挑战自我的精神风貌。如图 21 所示。

图 21　参加公司建党百年活动情景剧

3. 培养主持、宣讲、解说人才

不断挖掘员工潜能,培养复合型人才,让他们接待外来参观人员,对郧阳东管理所廉洁教育基地、白桑关管理所青年之家、郧阳南管理所"红色轻骑兵"活动阵地进行解说,获得参观领导及学习人员的一致好评。

(四) 破冰推广兵

党员干部化身破冰推广兵,无论是直播助农、推介周边景点,还是宣传收费政策及道路通行状况,他们都将为人民服务做到极致。他们,是一支为民服务的推广先锋队。以各站所全体收费人员为主体,积极开展收费推广活动,争当思想破冰先行者,通过辖区美景美食为地方代言,不断压实地企、警企、路企多方合作,持续推出便民、利民、惠民新举措,充分发挥高速公路"硬连通"作用,为周边居民提供畅安舒美的出行大通道。

1. 直播助农推广

总支成立"志愿助农"小分队,开展系列公益直播带货活动,帮助驻地附近农户们销售土特产。积极打开"助农拓销路、助民促消费、助路扩费源"的新局面,帮助农户实现"社会效益"和"经济效益"双丰收。如图 22 所示。

图 22　直播讲解实地采购路线

2. "高速＋旅游"推广

在"交旅融合"的基础上,积极发掘谋划沿线高速旅游线,不断延伸高速公路周边旅游景点,并与景区合作,凭借高速公路通行票据享受折扣优惠,极大地带动了沿线地区的经济发展。

3. 收费政策推广

第四党总支大力开展"我为群众办实事"实践活动,多方走访,深入地方厂区,开启"地企共建"模式,建立大客户信息共享服务群,积极宣传收费政策及出行指南。

(五)勇毅稽查兵

为维护良好的高速公路收费管理秩序,净化车辆通行环境,勇毅稽查兵上至大数据稽查,下至收费现场稽查,都取得了较好的成绩。他们,是一支业务精湛、火眼金睛的稽查先锋队。以各站所收费管理员和稽核员为主体,深入开展稽查工作,创新稽查思路,合理利用总支机动力量,积极与路政、高速交警建立车辆通行联勤联动机制,打击超限超载车辆上道、车辆逃漏费行为,净化收费环境,同时宣传交流堵漏增收好的做法与先进经验,不断提高职工治逃追逃的积极性。

1. 开展各类对内稽查活动

为更好地服务司乘,提升收费管理工作,第四党总支开展系列对内稽查活动,对员工岗上行为、票卡管理、文明服务等进行重点稽查,并根据稽查情况开展"传、帮、带"培训活动。

2. 大数据稽查

为维护良好的高速公路收费管理秩序,净化车辆通行环境,第四党总支稽查兵善用大数据稽查,对逃费车辆进行筛查,追缴应缴通行费。

3. 开展各类对外稽查活动

根据大数据筛查结果,以及现场专项稽查活动,对查实存在逃费行为的车辆,从严从细从实整理完整"证据链",进行通行费追缴。

(六)志愿服务兵

"一心为民,热情服务"是司乘朋友送给他们的话语,他们身穿红马甲入校园、走企业、下社区、去农村、进商圈,在基层一线常态化为群众办实事解难题,肩负起传承红色精神的使命。他们,是一支热情、热心、热血的服务先锋队。以各单位青年志愿者和服务明星为主体,通过宣、讲、帮、演、展,学习实践科学理论、宣传宣讲党的政策、培育践行主流价值,对外服务和关怀群众,对内强化职工窗口服务意识,提升总支文明服务质量,展现高速公路良好形象。

1. 站所志愿服务

服务至上,在"馨"上显真情,聚焦节假日期间公众出行的"急难愁"问题,将收费站变成"服务站、信息站、救助站、咨询站",用温馨服务树立良好的交投形象。

2. 志愿者外出服务

第四党总支的志愿者们发挥基层党组织战斗堡垒作用,成立青年志愿者服务队,开展各类公益志愿服务活动,弘扬时代新风尚,用行动诠释志愿服务兵的力量。

3. 站所亮化服务

他们不畏严寒酷暑,不惧冰霜风雪,给炎热的车道降温,清扫现场积雪,对收费广场及车道进行消毒,无论是机动收费员,还是站所负责人,都变身为志愿服务兵,为司乘提供安全、舒适的通行环境。

(七)廉洁监督兵

第四党总支持续深入推进"清廉交投""清廉鄂西北"建设,增强干部职工廉洁从业意识,厚植求真务实、清正廉洁的新风气,创立交投系统首个廉洁教育基地,开展各类廉洁教育活动,廉洁之心永存,反腐永远在路上。他们,是一支正气、清廉的廉洁先锋队。以总支、支部纪检委员和全体党员为主体,依托公司郧阳东廉洁教育基地,定期开展政治理论学习、拍摄廉洁视频和廉洁讲座等,通过案例研讨、线上线下相结合的方式为职工们"强身健骨",不断传递崇廉尚廉的价值导向。

1. 开展多样化的廉洁教育学习

廉是一种心态,是荣辱不惊的淡定;廉是一种气度,是非凡的勇气和胆识。第四党总支紧紧围绕"学党史、悟思想、办实事、开新局"总体要求,守正创新,不断丰富学习形式,让学习教育有抓手、有章法、有热度。如图23所示。

图23 总支书记为辖区全体党员干部职工讲党课

2. 开展形式丰富的廉洁教育活动

自开展党史学习教育以来,第四党总支充分发挥沿线红色阵地资源,进行实地打卡学习,重走红色路线,开展廉政作品展、红色观影等活动,让每个人切身体会革命的艰辛,以史为鉴,追寻初心,弘扬爱国情怀,真正让党史学习教育入脑入心。如图24所示。

3. 廉洁教育学习活动风采

为进一步巩固党史学习教育成果,第四党总支全体党员干部职工用真情演绎了一段段红色经典,体现了不忘初心、牢记使命的伟大情怀。

图 24　缅怀革命先烈

党旗猎猎高扬处,司微熠熠耀芒时。伴随着"标准示范"创建铿锵足音,红色引擎凝力铸魂,联勤联动示范同行。在鄂西北山区蜿蜒的高速公路上的第四党总支"红色轻骑兵们",带领旗下"七支兵"以"拼、抢、实"的状态和作风,主动作为、奋发有为、担当善为。同样,也将广大司乘对美好出行的向往作为奋斗目标,踔厉奋发、笃行不忘,用实际行动践行湖北交投人的初心与使命,擦亮"同道·同行——幸福鄂西北"文化品牌,使之成为一面最闪亮夺目的党建"红旗"。

"警路企"支部联建,合力共赢促发展
——"警路企·同心圆"党建品牌

习近平总书记在全国组织工作会议上强调:要加强企业、农村、机关、事业单位、社区等各领域党建工作,推动基层党组织全面进步、全面过硬。为适应新时代党建工作新形势新任务,湖北交投随岳运营公司积极打造"警路企·同心圆""警路企·畅安行"支部联建党建品牌,充分发挥"警路企"三方支部联建合力,在党建创新、业务创效、服务创优上,构建优势互补、共同提高、互利共赢的基层党建新格局。

湖北交投随岳运营公司积极探索将党建总揽全局、协调各方的政治优势同组织优势有机结合的有效载体,打造"警路企·同心圆""警路企·畅安行"支部联建党建品牌,推行"五同五创""联·融·创"工作法,充分发挥"警路企"三方支部联建合力,联合清理违法堆积物、拆除桥下非法建筑物,合力处理重大险情,排查各类安全隐患点,有力保障了人民群众安全便捷出行。同时,"警路企"支部联建以党员干部下基层察民情解民忧暖民心实践活动为契机,深入开展"送政策到企业""服务对对碰"等活动,主动联系地方政府、走访企业及驻地村镇,联合贫困农户开展"阳光助农"直播带货,合力打造"一站式""一体化""一对一"集政务咨询、政策宣传等多功能于一体的便民服务,打造一支执行力强、凝聚力足、战斗力过硬的党员队伍,实现执法办案零复议、零投诉,服务群众零延误、零差错的成绩,"警路企"三方工作效率、党员先锋效应、支部堡垒效能显著提升,形成了以高质量党建引领现代化高路建设的生动实践。

一、案例背景

湖北交投随岳运营公司业务路线图如图1所示。

随着高速公路快速发展,道路交通管理的压力对传统的交通管理理念提出了挑战。

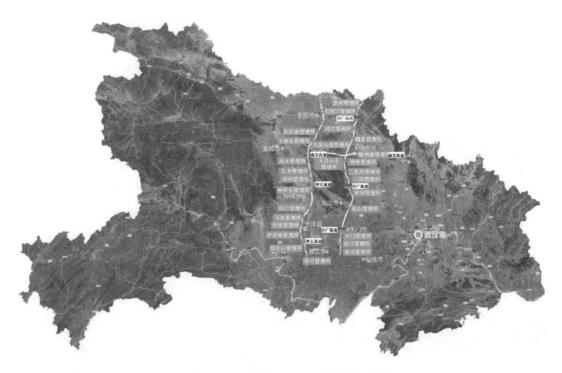

图 1　湖北交投随岳运营公司业务路线图

湖北交投随岳运营公司"警路企"三方支部联建,积极探索"支部建设和运营管理工作双促双赢",在安全保畅、施工监管、隐患治理、应急处置等方面找准契合点,"警路企"三方支部联建通过带队伍、抓管理、强服务,不断提升基层党组织组织力、凝聚力、战斗力,全面提升运营管理质量,进一步维护社会和谐稳定,服务人民群众美好出行。

"警路企"三方支部联建以"打造红色品牌,共建平安高速"为联建工作目标,在"党建同行、创新文化,党员同心、创新思维,工作同进、创新实践,资源同享、创新方法,阵地同建、创新环境"方面精准发力,坚持党建促业务、党建保安全、党建保畅通,全方位打造"警路企·同心圆"支部联建党建品牌,通过带队伍、抓管理、强服务,形成共融、共治、共享、共赢的新局面。

二、党建品牌内涵

1. 党建品牌名称、标志、释义

"警路企·同心圆"党建品牌LOGO(图2)由红、蓝、绿三色组成,有着"红色党建、蓝色服务、绿色安全"的寓意。红色寓意擎红色党建之旗,聚党建引领之魂;蓝色寓意汇蓝色品牌之行,促融合发展之力;绿色寓意行绿色守护之策,保安全管理之航。"警路企"三方逐步融合,聚异化同、凝心聚力、共促共赢。

2. "警路企·同心圆"党建品牌特色工作法

"五同五创"工作法:党建同行,创新文化理念,勾勒"同心圆"轨迹;党员同心,创新思维方式,拓展"同心圆"内涵;目标同向,创新工作思路,聚焦"同心圆"圆心;资源同享,创新服务举措,丰富"同心圆"色彩;阵地同建,创新联建环境,扩大"同心圆"半径。如图3所示。

图2 "警路企·同心圆"党建品牌LOGO

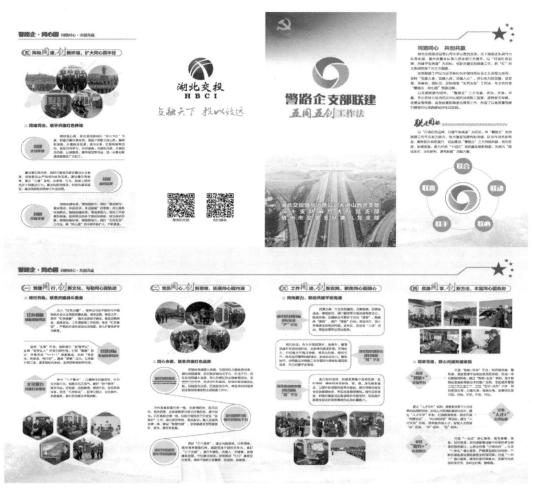

图3 湖北交投随岳运营公司"警路企·同心圆"党建品牌特色工作法

三、经验与做法

"警路企"三方总结提炼"五同五创"支部联建工作法,达成"同路同心,共创共赢"共识,致力基层党建有新突破、队伍作风有新转变、服务能力有新提升,三方同频共振,充分发挥了党建促业务、党建保安全、党建保畅通的效应,基层党组织焕发了强大生命力,形成了以高质量党建引领现代化高路建设的生动实践。

(一)党建同行,创新文化,勾勒同心圆轨迹

图4为湖北交投随岳运营公司"警路企·同心圆"联合开展主题党日。

图4　湖北交投随岳运营公司"警路企·同心圆"联合开展主题党日

(1)红色领航,创新发展理念。坚持以习近平新时代中国特色社会主义思想武装头脑、指导实践、推动工作,进一步完善定期学习、教育、通报工作机制,以"七个标准化目标""六有十上墙"为内容,开展党支部标准化建设创建,实现基层党组织全面过硬、全面达标,不断提高党员干部的政治判断力、政治领悟力、政治执行力。

(2)党建对标,彰显联建特色。推行"轮值书记"制度,"警路企"三方党支部书记轮流担任固定任期为四个月的支部联建书记,按照联责共建战斗堡垒、联合共建红色品牌、联动共建平安高速、联心共建和谐家园、联手共建红色阵地的"五联"工作举措来开展工作,填写"轮值书记"手册,换届交接召开"轮值书记"述职述责大会,党员、干部、群众代表

进行满意度测评,成绩计入"轮值书记"奉献积分表,组织开展党员"党建＋企业发展金点子、党建＋普法宣教、党建＋应急演练"联合行动,切实发挥"头雁作用",不断激发工作活力。

(3)文化聚力,共建红色堡垒。加大党员教育投入,围绕党建业务建好联建展厅、党员活动室、远程教育、微信平台"四个载体",开展专家讲学、"学党史,颂党恩""大培训""微讲堂""竞技赛"系列活动,不断夯实组织基础。

(二)党员同心,创新思维,拓展同心圆内涵

(1)深化党性教育,提升党员政治信仰。把红色信仰融入血脉,赴九口堰革命教育基地、"张体学在随县"革命纪念馆、田王寨红色景区开展"沿着高速学党史"教育活动,开设"红色讲堂",开展党员家访,制作党史墙、党建精神宣传展板等,厚植全面从严治党思想。

(2)强化履职能力,提升党员实干能力。积极开展党员干部下沉社区"双报告双报到"工作,深化党员带班制度,广大党员在疫情防控、防冻防滑、防汛救灾、应急保畅等任务中冲锋陷阵,勇担重责。联建以来,大洪山西收费站连续超额完成收费费额任务,"警路企"三方合力处理重大险情30余起,查纠路段违法行为150余起,站口超限率同比下降1.2‰,路产事故率下降8.7%,推动了党建与生产经营"两手合一"。

(3)强化作风建设,提升党员廉洁素质。用好"三个清单",建立问题清单、任务清单、责任清单督查通报机制,发挥三级纪检监察体系作用,开展纪律作风交叉检查,深化党员思想动态分析制度,拟定《"警路企·同心圆"支部联建党员谈心谈话实施细则》等清廉建设相关文件4份,用好监督执纪"第一种形态",对干群进行谈话教育200余人次,持续推进"510·我要廉"文化宣贯,通过讲廉课、进廉馆、征廉语、答廉题、观廉影、签廉名等举措,推动红的主色调和严的主基调"两调合一"。

(三)工作同进,创新实践,聚焦同心圆圆心

(1)把好安全"严"字关。定期组织开展调研走访,及时听取服务对象代表的意见和建议,共同探讨工作中存在的各类问题,形成强大合力和良性互动。定期开展高速公路桥下空间"清零"、隔离网"清网"、路产"清查"行动。联建以来,"警路企"三方排查各类安全隐患98处、收缴村民私拆隔离网6318米,开展路产清查8次,形成清单检查考核,倒逼责任落实。开展普法宣传进村组、进企业、进校园"三进"活动12次,发放各类宣传册2000余份,现场答疑解惑600余人次,为群众赠送安全"守护包"100份,营造了浓厚的学法懂法守法氛围。如图5所示。

图5　湖北交投随岳运营公司联合开展法制宣传

(2)抓好畅通"联"字关。开展春运、防冻防滑启动仪式,合力开展超限车、逃费车、肇事逃逸车专项整治活动,建立涉路施工安全管控与事故处置流程规范,操练协战能力,齐心共建平安高速。

(3)把好抢险"稳"字关。充分发挥站所集中监控点优势,对事故易发路段、奎峰山隧道实行实时监控、实时通报,确保信息监控快、准、稳。以提升区域管控效率为基础,建立完善区域安全应急管理体系,夯实应急管理基础,针对重大节假日保畅、恶劣天气封道、危化品泄漏等特殊情况,联合消防、医院施救单位开展大型应急演练和专题培训3次,切实提升支部联建应对突发事故的应急处置能力。

(四)资源同享,创新方法,丰富同心圆色彩

(1)搭建"智能+"交流平台。打造"智能+科技"平台,利用随岳通、"云哨"交通安全金钟罩、路政管理平台和运营监控系统,形成一体化数据资料库,累计发布信息800条、发送各类风险预警60000次,联建"警路企·同心圆"高路示范路段,加大事故易发桥面温度红外感应器、爆闪灯等新技术设备的推广应用,全面提升管辖区域安全应急监管水平,组建负责人工作交流微信群,做到资源互享、力量互调、措施互商,使整体运营可视、可知、可导、可控、可达。

(2)注重"人才+"合理运用。坚持典型引路稳阵地,狠抓典型培树,把典型培树作为年度重要工作内容,深入开展"先锋论坛、内训师讲堂"等活动,建立"人才互学"机制,着力提高干部职工能力素质,充分发挥典型示范引领作用。

(3)打造"一站式"舒心服务。整合高警、路政、站所资源,共同搭建事项集中办理的多功能便民服务厅,让群众办事"少跑快办",打造"一体化"暖心服务,严格落实限时办结制度,不断拓展收费站便民服务主阵地功能,打造"一对一"省心服务,精准对接企业难

点,定期面对面交流沟通,及时出对策、解难题、暖民心。

(五)阵地同建,创新环境,扩大同心圆半径

(1)激发内生动力。发挥干群特长,成立"同心书社""同心歌社""同心球社",组织开展"悦读悦美"读书活动、特色音乐党课、联动保畅篮球友谊赛、重阳敬老、青年联谊、亲子夏令营、寻根节助力等各类活动,鼓励普通职工群众为发展建言献策,不断增强"我与交投共成长"发展信心,进一步推动联建成果惠及广大群众,真正实现发展愿景与职工成长愿景"两愿合一"。

(2)激活外在潜力。坚持"工作部署在哪,服务群众步子迈到哪",唱好"春送慰问,夏送清凉,秋送助学,冬送温暖"四季歌,开展为老党员春耕、为防疫点送清凉、资助贫困学子、留守儿童"爱心妈妈"结对帮扶等行动,树立良好的企业形象。在"警路企·同心圆"支部联建品牌辐射力下,成立"同心"洪山西站所文化、客服满意度达100%的"同心女子监控班组"等子品牌,近20名业务骨干向党组织递交入党申请书,有力带动了单位运营管理提档升级。

四、取得成效

警路企三方支部联建秉承"一条路、一家人、一体化"的理念,积极探索将党建总揽全局、协调各方的政治优势同组织优势有机结合的有效载体,实现执法办案零复议、零投诉,服务群众零延误、零差错的成绩,警路企三方工作效率、党员先锋效应、支部堡垒效能显著提升。

(一)同下"一盘棋",实现基层党建从"单兵作战"向"合力攻坚"转变

发挥党组织独特的组织优势和社会整合功能,探索跨行业、跨单位、跨工种的灵活组建模式,实现了党组织紧密贴合的动态延展,办成了以前想办却不易办的事,消除了党建空白点和视野盲区,"警路企"三方在学习强国、《湖北日报》等省部级及以上媒体发表各类文章70余篇,先后获省市级"先进基层党组织""红旗党支部""文明单位""安全生产先进集体"等荣誉称号。

(二)结成"一家亲",实现基层党建由"一叶扁舟"向"万舸竞流"转变

"警路企·同心圆"支部联建是"支部建在连上"的创新探索,通过抓党建、带团建、促工建、联群建,党群干群关系的"磁石"作用更加牢固,由过去逼着干、推着干到现在抢着干、比着干,成功举办党史名篇诵读暨"警路企·同心圆"支部联建成果展示活动,在品牌效应带动下,"警路企·畅安行"等支部联建品牌相继亮相,各党总支警路企互融共创覆盖率达85%,省内外参观交流党组织达20余个。

(三)拧成"一股绳",实现基层党建由"一枝独秀"向"百花齐放"转变

通过支部联建,更加有力提升组织活跃度和联合面,单位规模由小到大,经营管理由分到合,党组织的组织力由弱到强,学习方式满足党员期待,活动方式发挥职工特长,探索"红色教育+廉政教育"同频共振新模式,在党建创新、业务创效、服务创优上,打造一支执行力强、凝聚力足、战斗力硬的党员队伍。

五、思考与探讨

新形势下提升国有企业党建质量,既要继承发扬我们党长期以来形成的党的建设好做法好经验,又要坚持因地制宜、因时制宜,根据党的建设面临的新情况新问题大力推进改革创新。

(一)坚定政治方向,打牢建党管党坚实根基

始终坚持党的领导,坚持用习近平新时代中国特色社会主义思想武装头脑,用好思想建党这个传家宝,把联建基因注入基层党支部这根"毛细血管",通过优化基层党组织体系,织密"互联网",打造"共同体",增强"驱动力",促使三方职工进行有效互动、聚同化异、凝聚人心,全面提升党组织凝聚力。

(二)坚守分类施策,创造强企兴企良好氛围

因地制宜探索创新党组织和党员发挥作用的有效途径和方式,加大"互联网+党建"模式的应用,推动企业党建工作方法创新、模式创新、机制创新,聚焦抓党建、抓管理、抓运营、抓服务,以高质量服务推动高质量发展。

(三)坚持问题导向,夯实同心同质思想基础

从组织设置、队伍建设、作用发挥等方面建立一套完善统一的支部党建工作标准,引领基层党建规范化标准化,创新探索灵活多样、青年党员喜闻乐见的学习形式,注重学习培训的务实管用,通过党内关爱、技能竞赛、表彰激励等,增强党组织吸引力和凝聚力。

(四)坚实示范引领,形成对标对表整体合力

加强先进典型的培树,发挥驻地单位资源优势,及时总结提炼实践经验,持续健全交警、路政、企业"一路三方"新机制,形成"一个声音指挥、一个流程操作、一个窗口对外、一个平台调度"的"四个一"应急处置模式,在不同区域加大宣传推广力度,带动整体水平提升。

"三个三"擦亮云南片区项目"冲上云滇"党建品牌

2022年,中国一冶交通公司区域化管理全面铺开,企业创新发展步伐不断加快,党建工作区域化管理也同步向纵深发展,中国一冶交通公司党委紧密结合中国五矿"党旗飘扬、党徽闪光"行动,在各基层项目打造富有建筑企业发展特色的党建工作品牌。云南片区项目党支部紧紧围绕云南省"乡村振兴、边境民族"两大特点,创建基层党建"冲上云滇"品牌,该品牌立足于云南片区项目建设实际,围绕着云南省在建的河口项目、文山项目、怒江项目、昆明五华项目、泸丘高速公路项目等五大片区项目全面开展党建工作。

"冲上云滇"党建品牌,通过打造基层党建"三大平台、三大抓手、三方共建"的"三个三"为抓手,全面激活企业和地方政府的高质量发展红色引擎,在推动企业发展的同时,主动承担起国有企业的社会责任,牢固树立国企姓党理念,到人民有需要的地方去、到党指引的地方去、到能为广大人民群众服务的地方去。

"冲上云滇"党建品牌中的"三大平台"旨在重点搭建"理论武装平台、技能提升平台、片区结对平台"来抓理论武装育红心、抓能力提升显慧心、抓示范引领培匠心,持续稳固职工思想动态、提升职业技能、强化共学共进,彰显党建品牌创建成效,带领广大职工充分发挥基层党支部的战斗堡垒作用。"三大抓手"旨在重点抓好"工程履约、技能帮扶、党建考核"来打造地方生态经济循环体,实现"授人以渔"长效目标,突出党建品牌成果导向,全面推动党建工作与施工生产相结合,以高质量项目建设成果助力云南走好乡村振兴赶考之路。"三方共建"旨在重点与属地政府、与业主相关方、与驻边单位开展党建联建共建活动,通过共建模式为政府解忧、为业主排难、为群众服务,实现优化"政企协同"格局、点燃工程建设加速度、树立央企金字品牌的目标,立足项目一线打造"特色更鲜明、效果更显著、群众更欢迎"的优质党建品牌,发挥基层支部战斗堡垒作用,发动"红色引擎"助推企业高质量发展。

一、案例背景

中国一冶交通公司云南片区项目党支部共有管理人员84人,其中党员28人。云南片区项目建设范围涉及云南省文山壮族苗族自治州、怒江傈僳族自治州、红河哈尼彝族自治州、昆明市等四大片区,在建项目包含了河口项目、麻栗坡项目、砚山项目、怒江项目、泸丘高速公路项目、昆明五华项目、开远项目等七大工程,项目合同总额超过百亿元,项目类型涵盖市政、公路、房建等多领域。项目建设面临着建设体量巨大、施工范围广、建设工期紧、涵盖领域多、专业力量需求大等各项困难。云南片区项目党支部为更好发挥党建促进施工生产、引领价值创造的重要作用,始终紧紧跟随上级党委部署,抓好"党建队伍"基本盘、突出"党建+中心工作"核心点、找准"联建共建"落脚点,充分发挥基层党组织在项目建设中的战斗堡垒作用。

二、实施目标

中国一冶交通公司云南片区项目党支部通过创建"冲上云滇"党建品牌,在"持续提升基层队伍、建设高质量项目、塑造央企金字品牌"三大方面拟定实施目标。

持续提升基层队伍,通过党建品牌创建持续稳固职工思想动态,确保一线职工在政治高度上、在企业融合上、在激发主观能动性上有提升;持续提升职工综合能力,确保在建筑行业高速发展的背景下,一线职工能稳步提升自身综合素质,跟上企业高质量发展步伐;持续打造一线模范,迅速在各岗位上培养出一到两名业务精英,以头雁带群雁。

建设高质量项目,要通过党建品牌创建抓好工程履约,以项目的高质量建设成果持续推动云南地方生态经济发展,助力乡村振兴事业;抓好技能帮扶,秉持"授人以渔"式的帮扶宗旨,为当地人民群众开辟一条长效式致富道路;抓好党建考核,突出党建品牌成果导向,让真正想干事、会干事、干成事的人得到重用。

塑造央企金字品牌,通过党建品牌创建与属地政府共建,优化"政企协同"格局,建立起良好的政企关系;与业主相关方共建,解决业主相关方面临的实际难题,点燃工程建设加速度,结出高质高效的工程建设成果;与驻边单位共建,彰显央企的社会责任担当,提升企业形象。

三、实施路径

中国一冶云南片区项目党支部紧紧跟随上级党委部署,围绕云南省"乡村振兴、边境民族"两大特点,创建基层党建"冲上云滇"品牌。通过实施打造基层党建"三大平台、三大抓手、三方共建",持续建强基层职工队伍、确保项目优质履约、承担央企社会责任,全面助力云南省"乡村振兴""建强边境"事业,全面激活企业和地方政府的高质量发展红色引擎,打造"政企双赢"的美好局面。

(一)打造"三大平台",建强"基层队伍"固根基

党建品牌创建关键在人,中国一冶云南片区项目党支部高度重视基层队伍培育,在充分结合片区项目实际工作的前提下,逐步搭建出"理论武装平台、技能提升平台、片区结对平台"三大平台,以党员队伍全面辐射片区全体职工,旨在持续稳固职工思想动态、提升职业技能、强化共学共进,彰显党建品牌创建成效,带领广大职工充分发挥基层党支部的战斗堡垒作用。

开展特色"三会一课",抓理论武装育红心。党支部充分运用"基本动作+自选动作""集中学+自主学""书面学+实践学"的多种形式开展"三会一课"的基本动作。党支部要求项目班子成员、支委会成员对标上级党委,开展理论领学与自主研学,持续塑造自上而下、全员参与的良好学习氛围,在学习环境营造上下功夫。广大党员结合现场实地学、网络云端学、岗位落地学、人人是讲师等模式推进理论武装,确保学习形式不单一、思想认识不偏航、政治高度有提升。如图1、图2所示。

打造"滇峰云课堂",抓能力提升显慧心。党支部立足云南区域全局,抓好党员"关键少数"引领项目绝大多数,统筹协调各项目间最优质资源、最先进经验,施工、技术、安全、质量、经营等各岗位的精兵强将总结工作经验,在片区范围内开展"滇峰云课堂"培训,对片内最优质管理资源进行"有机复制",持续打破跨项目屏障,增强联系交流,全面提升职工专业技能,加强跨项目交流,织密区域协作网,形成区域合力。如图3所示。

实施"片区结对",抓示范引领培匠心。党支部把握"片区项目一盘棋"工作思路,开展云南片区各系统业务精英跨项目带徒工作,在业务技能和成长目标两方面对培养工作提出要求,常态化通过"每周一讲"青年讲堂活动培育青年。借鉴公司竞聘模式,根据项目实际情况,开展项目部部门副职竞聘、团支部书记竞聘等工作,为各岗位迅速培养

图1　党支部组织党员到红色革命地开展实地学习　　　图2　党支部带领党员重温入党誓词

图3　党支部开展"滇峰云课堂"培训活动

出一到两名新员工模范,培育选树出一批青年骨干精英,激发青年工作活力。如图4、图5所示。

图4 导师带徒在项目现场开展教学

图5 导师带徒在办公室一对一指导

（二）打造"三大抓手"，走好"乡村振兴"赶考路

2020年底，在习近平总书记的亲切关怀下，云南省的贫困人口顺利脱贫。2022年，在乡村振兴的战略号角声中，云南再次踏上了新的赶考之路。中国一冶云南片区在建的河口项目、麻栗坡项目、怒江项目、泸丘高速公路项目、昆明五华项目、开远项目、砚山项目均是云南省政府重点关注的民生工程，是公司助力云南省"乡村振兴"事业的重要抓手。党支部始终聚焦高质量发展主题，实施"抓工程履约、抓技能帮扶、抓党建考核"的"三大抓手"，推动党建工作与施工生产相结合，以高质量项目建设成果助力云南走好乡村振兴赶考之路。

抓工程履约，打造生态经济循环体。党支部结合各项目的实际情况，以"划岗设队建区"的形式在各项目上结合施工需求，全面建立起党员示范岗、设置党员先锋队、划分党员责任区。同时，重点围绕"党旗飘扬、党徽闪光"主题开展"党员身份亮出来，创优争先动起来"的系列党建活动，以党建为连接点，实现项目质量、安全、环保、进度、经营、后勤、防疫七板块联动，全面推动党建工作融入施工生产。以项目的高质量建设成果持续推动地方生态经济发展，助力乡村振兴。如图6、图7所示。

抓技能帮扶，达成"授人以渔"长效目标。脱贫不返贫是脱贫地区实现乡村振兴战略的题中应有之义，也是当前"乡村振兴"工作中的关键一环，党支部利用农民工学校，定期开展"党员培训课堂"，围绕种植技术、安全生产、法制法规等多方面内容广泛开展培训工作，切实提高民工综合素质，让其拥有一技之长。同时在项目建设过程中招收以当地困

图 6 开远项目党员先锋队和青年突击队在施工现场

图 7 怒江项目部成立党员先锋岗

难人口为主的劳务作业队伍,解决部分困难村民的就业问题,让他们把在"党员培训课堂"上学到的技能知识运用在实际工作中,实现一人就业全家脱困。如图 8 所示。

抓党建考核,突出党建品牌成果导向。充分发挥考核的指挥棒作用、选拔任用的导向作用。党支部结合《云南片区各项目部一般管理人员绩效考核办法》文件,为支部党员划责任、定目标,围绕工程履约、技能帮扶、活动组织等目标执行情况进行考评,将结果与月度工资绩效挂钩。同时将相关结果全面反馈于党内推优、党员评议、项目部部门副职选拔等工作中,让真正想干事、会干事、干成事的人得到重用,确保党建品牌创建工作有抓手、出成效。

图 8　指导当地工人（相关苗木种植技术的指导）

（三）打造"三方共建"，奏响"建强边境"协奏曲

云南省边境线蜿蜒曲折，长达4060公里，并与缅甸、老挝、越南等多个国家接壤，"多民族、长边境"是云南省的重要标志。中国一冶云南片区党支部紧紧围绕云南省"边境、民族"特点，全方位推进与属地政府、业主相关方和驻边单位"三方共建"，为政府解忧、为业主排难、为群众服务，以党建共建塑造央企金字品牌。

与属地政府共建，优化"政企协同"格局。党支部牵线搭桥，借助"党建交流""建团100周年""社区服务""抗疫防疫"等系列活动，推动各项目与所在地政府开展党建联建活动，借助党支部在各项目中成立的青年突击队、党员突击队、志愿服务队，应对不同的共建需求，进一步密切"政企交流"，盘活党建资源。

与业主相关方共建，点燃工程建设加速度。党支部联合项目业主、监理等相关方开展"党建带团建""党员进现场""对照检视"系列活动，借助组织生活契机，进一步加强与相关方联系交流，同时利用节假日、重要节点、民生热点等契机开展党员攻坚活动，及时与业主相关方保持沟通交流，疏解项目建设面临的各项难题。

与驻边单位共建，承担社会责任，树立品牌。党支部强化与戍边单位联建，利用节假日、雨季闲时与当地政府联系，前往戍边哨岗、边境民族村落等处开展党建联建活动。全面了解驻边单位需求，有针对性地开展联建活动，确保联建活动取得实效。通过思想融通、文化融汇、组织融入、感情融洽、发展融合，把中国一冶大力促进少数民族文化事业繁荣、维护民族团结、促进和谐发展的形象塑造起来。

四、实施成效

"冲上云滇"党建品牌已在中国一冶交通公司云南片区落地生根,塑造了"上级党委引领、基层支部落实、一线党员响应"的生动局面,基层党支部的战斗堡垒作用得到了充分发挥,在建强基层职工队伍、助力中心工作、塑造央企金字品牌等方面取得了良好成效。

(1)基层队伍素质逐步提升。理论学习方面,自特色"三会一课"实施以来,中国一冶云南片区项目党支部已先后开展"红色场馆悟初心""红心向党,岗位建功""人人是讲师"等各种学习活动16次,并将入党积极分子、先进团员等共计10余名青年纳入学习中,收到感悟体会10余份,持续推动理论武装入脑入心。技能提升方面,中国一冶云南片区项目党支部已先后组织13名党员围绕桥梁施工、物资管理、质量管控、安全管理等方面开展13场"线上+线下"的双线培训,超400人次参加学习,全面提升职工专业技能,加强跨项目交流,织密区域协作网。"头雁行动"实施上,通过"每周一讲""片区结对"的模式,拟将2022年新入职的8名职工对标部门副职予以短期培养,并制定了走上项目中层干部的实施目标,云南片区青年职工"你追我赶"的良好学习氛围、工作氛围已经形成。

(2)乡村振兴成果日渐丰硕。党支部结合项目实际情况,在各项目中建立党员示范岗、设置党员先锋队、划分党员责任区以全面助力民生工程推进。怒江项目建设完成的泸水市晚熟柑橘种植技术合作示范基地已有效带动怒江州1.8万余人次务工就业。澳洲茶树基地、"怒江花谷"生态建设示范点等多个子项提前完工,在云南形成了集民族、人文、自然及红色旅游等资源优势为一体的生态文旅胜地。中国一冶交通公司怒江项目部作为承办方,联合怒江州政府举行怒江首届劳动竞赛并斩获冠军,荣获怒江州"建功新时代 喜迎二十大"劳动竞赛"优秀组织奖""优秀团队奖",成为唯一一个获得两项荣誉的获奖单位。技术创新方面,怒江项目成立"滇峰"党员攻坚队,其成果"造斜段快速回填非开挖定向钻管道施工工法"可在造斜段回填施工中节约近50%经济成本,工法在第二届工程建造微创新技术大赛上荣获房屋建筑工法组二等奖。麻栗坡项目党员牵头成立"云滇耀阳"QC小组,其研究成果《提高自来水厂管道法兰安装对接一次准确率》可避免多次校正而引起的重复作业,提高施工效率,荣获2022年度全国冶金建设行业QC成果二等奖。河口项目党员先锋队依托研发项目"钢结构施工管理和技术应用及研究",研究出了"一种钢结构施工安全绳悬挂组合装置",解决了现有装置操作不便、可靠性不足、拆装复杂等技术问题,可进一步保护施工人员的生命财产安全,能与钢梁稳定连接,且拆装方便,便于重复利用。

(3)企业美誉度持续提升。地方政府对企业的认可度更高了,中国一冶交通公司云南片区项目党支部先后10余次响应河口县政府号召,成立"党员突击队""青年志愿队",组织1200余人次参与河口抗疫防疫、抗洪抢险等系列工作,协同开远市政府推进"党员社区服务抗疫工作"。系列党建品牌创建成果得到当地政府的高度认可,河口县政府在河口项目施工现场为100余名志愿者送上了荣誉证书表达政府对企业的认可与感谢,怒江州政府多次来到怒江项目施工现场开展慰问、送清凉、安全月启动仪式、质量月启动仪式等系列活动,"政企协同"格局不断优化。业主相关方对企业的信赖度更高了,党支部协同五华项目业主方多次开展"党员答疑""没有办不了"系列党建联建活动,解决城市污水管道施工扰民问题,按时完成28个小区污水管网的改造移交,民生工程如期高质量完成建设;协同怒江项目业主、监理开展"党员争先,大干五一"系列联建活动,推动国家步道建设子项如期完工,项目业主、监理等相关方多次表示中国一冶是值得信赖和托付的朋友。人民群众对企业的评价更好了。党支部先后前往全国四大艰苦哨卡之一的"风雪丫口钢铁哨所"、猛硐乡铜塔村委会南榔卡点、小平寨联防所、258联防所等10余个哨所开展党团共建活动;到麻栗坡县猛硐瑶族乡、怒江州登埂村、加夺玛村广泛开展联建活动,开启"党员带货"消费帮扶,建立与乡村农产品商户联系,开展爱心助农活动,组织新闻媒体对农产品外销进行宣传,为边境少数民族送去温暖,树起央企金字招牌。

五、主要经验

建筑施工企业的基层党建品牌创建要紧紧围绕着项目一线施工生产,立足于工程建设实际,重点突出党建工作实效;创建中要找准项目建设的关键环节、重点问题、关键要素对症下药,以切实解决项目"疑难杂症"为出发点,为项目党建工作开辟一条主题鲜明的创建道路。关于如何深入推进党建品牌融入实际生产,我们重点总结出了以下五条经验:

一是要持续强化组织领导,高站位谋划。要有自上而下的统筹谋划,提高站位看待党建工作,站在全局性、统筹性的高度去推进党建品牌创建,将党建品牌的工作体系与中心任务紧密结合起来。

二是要持续完善组织体系,强化执行力。要沿着项目一线的工作业务链条"顺藤摸瓜"建立健全组织,抓住关键团队、关键人物,将其纳入到党建品牌创建的工作体系中来,推动党建品牌落地执行力的提升。

三是要坚持问题导向,形成机制、找准抓手。要针对项目工作实际,结合实际问题打造党建工作抓手,要用好绩效考核等系列规章制度,做实抓手,推动党建品牌切实落地。

四是要学思践悟结合,动态运行。要灵活处理党建品牌在创建过程中遇到的问题,要在落地执行中找问题,形成"落地执行、发现问题、整改问题、检验成效、持续改进"的动态运行机制,及时作出调整。

　　五是要发挥职工主观能动性,凝聚集体智慧。要把广大党员干部的意见建议收集起来,选取大部分职工认同的实施方案,确保后期执行落地得到有效保障,同时在实践中关注职工反馈,实现品牌创建的久久为功。

党建＋红色联盟，点燃高质量发展新引擎

国药集团中联药业有限公司（简称"国药中联"）成立于1952年，隶属于中国中药控股有限公司，是世界五百强企业中国医药集团有限公司三级子公司，致力于中医药全产业链发展，主营业务涵盖经典中药生产、中药材种植加工贸易、中药饮片、配方颗粒及相关智能配送、中医药大健康产业等。国药中联党委成立于1980年，直接管理涵盖生产中心的第一党支部、涵盖质量中心的第二党支部、涵盖销售板块的第三党支部、涵盖管理科室的第四党支部以及涵盖新业态领域的湖北中联医药党支部，现有党员84人。

为深入贯彻落实习近平新时代中国特色社会主义思想和全国国企党建工作会议精神，全面提升党建工作科学化水平，推动各项工作更好开展和有效落地，国药中联党委深刻领会发展和党建并非相互阻碍，也并非孤立存在，以党建品牌为开展党建工作的有力抓手，主动融入中心、服务大局，以"四个坚持、四条主线"为主要内容，依托党委主抓、5个党支部分领，开展"党建＋红色联盟"专项行动，充分发挥党的领导在生产经营中的优势，实现党建工作与生产经营的有机融合，让党建品牌有政治性、引领性和示范性，让党建品牌立得住、叫得响、走得远，助推破解公司改革发展中盈利水平低、人力储备不足、效能驱动力不足等问题。

依托"党建＋红色联盟"专项行动和一系列实践经验，国药中联党委共计采取27项具体措施，解决公司亏损治理、人才赋能、乡村振兴和提质增效四大痛点，两年来产生经济效益2338.12万元，2022年7月，公司摘掉了长达7年连续亏损的帽子，实现扭亏为盈。通过党建品牌的创建，充实了党建工作的内容并使之富有特色，增强了党建工作的吸引力和执行力，实现了思想创新和机制构建的有机结合、品牌效应与工作黏性的有机结合，实现了"三个作用"的脱虚向实，让职工群众真切感受到党委的政治引领作用、党支部的战斗堡垒作用和党员的先锋模范作用，看得见、摸得着。

一、案例背景

国药集团中联药业有限公司(简称"国药中联")成立于1952年,是中国医药集团公司三级子公司,隶属于中药核心板块中国中药控股有限公司,是国家高新技术企业,也是湖北省首批授予的老字号企业。公司一直致力于中医药全产业链发展,主营业务涵盖经典中药生产、中药材种植加工贸易、中药饮片、配方颗粒及相关智能配送、中医药大健康产业等。2021年公司全年营业收入突破6亿元,产能产值突破5个亿。公司现有职工520人,党委1个,党支部5个。在取得成果、积累经验的同时,公司也面临许多困难和问题:从思想方面看,没有完全把党员干部职工的思想认识统一到一定的高度,如有的党员对中医药全产业链发展的长期性艰巨性复杂性认识不深、困难估计不足,存在"躺平""守旧"思想;从发展方面看,党的建设在生产经营中的优势没有充分发挥,如"三会一课"及主题党日活动形式单一缺乏创新,党员教育培训和党内先进典型案例宣传引领力不足,党员服务基层服务群众的抓手不多;从能力方面看,公司推出一系列措施解决盈利水平低、效能驱动力不足等的问题,但仍存在高速发展与内部技术、管理发展较缓,人才储备与工作的契合度不高,工作质量、效率与当前发展要求不匹配等三大矛盾。

党的十八大以来,以习近平同志为核心的党中央高度重视国有企业改革发展和党的建设,习近平总书记发表了一系列重要讲话、重要指示批示。2015年8月,中共中央、国务院印发《关于深化国有企业改革的指导意见》。2016年10月,党中央专门召开全国国有企业党的建设工作会议,习近平总书记出席会议并发表重要讲话。2019年底,党中央印发《中国共产党国有企业基层组织工作条例(试行)》。2020年6月30日,习近平总书记主持召开中央深改委第十四次会议,审议通过了《国企改革三年行动方案(2020—2022年)》。这一系列政策深刻阐明了做强做优做大国有企业的原因及做法,为深入推进新时代国有企业改革发展提供了强大思想武器和科学行动指南。

国药中联党委认真贯彻学习习近平新时代中国特色社会主义思想和全国国有企业党的建设工作会议精神,深刻认识国企改革的重大意义,坚决扛起全面从严治党的责任,创建党建品牌,从亏损治理、人才赋能、提质增效和乡村振兴四个方面入手,开展"党建+红色联盟"专项行动,推动党建与生产经营深度融合,把管党治党贯穿于中医药全产业链发展全过程,强化党建工作的思想引领力、组织战斗力、聚合感召力、提升服务力,为公司发展注入红色基因,点燃红色引擎,推动公司发展取得新突破。

二、实施目标

面对国内外经济形势日益严峻的环境,国药中联党委坚持党建引领,创新党建工作方式,创建党建品牌,选择企业自身发展中的四个难点作为主线,开展"党建+红色联盟"专项行动,充分发挥党的领导在生产经营中的优势,推动党建工作与生产经营的有机融合,实现思想统一、行动统一、目标统一,以党建助推企业困境的破解,推动企业发展。

在"党建+亏损治理"专项行动中,实现三个"始终":始终贯彻落实党的路线方针政策,把党的领导真正融入企业治理各环节和生产经营发展各方面;始终保持发展定力,增强企业改革发展信心;始终激发发展动能,鼓励职工群众有魄力、勇担当、有作为,做到在危机中育新机、于变局中开新局。

在"党建+提质增效"专项行动中,实现三个"推动":推动全体职工增强大局意识,牢固树立过紧日子的思想;推动党的建设在生产经营中的政治优势、组织优势和群众工作优势充分发挥;推动企业运营质量全面提升,在全产业链、全价值链中加大降本节支力度。

在"党建+人才赋能"专项行动中,实现三个"强化":强化人才战略布局,解决人才供给跟不上企业发展速度的问题,以党建凝聚人才;强化人才资源交流,提高人才资源对企业的认可度和知名度,解决人才培养跟不上企业发展速度的问题,以党建服务人才;强化人才竞争意识,改进人才竞争机制,营造留才环境,完善培养考核机制,着力提高素质能力,鼓励人人争先、人人进步,以党建培育人才。

在"党建+乡村振兴"专项行动中,实现三个"探索":探索企业党建与乡村党支部结对共建的模式,助力一线党员与当地党员的深层次沟通与技术交流,为后续工作打下基础;探索建立以产业兴旺带动乡村振兴的中药材种植基地,助力产业发展与乡村建设共同发展;探索以中医药文化为抓手,从思想政治、技术培训、生态小镇打造、困难户慰问等方面为乡村振兴贡献全方位、有温度的国药中联力量。

三、实施路径

国药中联党委始终坚持以更高的标准、更高的质量、更硬的作风、更实的措施扛起党建品牌创建的政治责任,以"四个坚持、四条主线"为主要内容,依托党委主抓、各党支部分领条线任务,组建"党建+红色联盟",其中第一党支部和第二党支部负责"党建+提质增效"专项行动,第三党支部负责"党建+乡村振兴"专项行动,第四党支部负责"党建+人才赋能"专项行动,第四党支部和湖北中联医药党支部负责"党建+亏损治理"专项行动,确保党建品牌创出实效、创出特色、创出长久。

(一)强化思想引领力

强化思想引领力,将科学理论转化为推动中医药事业的坚定信念和自觉行动。

一是抓牢党的政治建设。以"第一议题"制度为抓手,通过专题研讨交流、先进经验分享、特色党课讲授、主题党日活动等形式,引导党员干部职工自觉运用习近平新时代中国特色社会主义思想指导企业发展,理清工作思路,解决突出问题,确保学习成效转化为推动企业发展的强大合力。

二是抓牢党员领导干部示范表率。聚焦生产经营重点任务,以党员领导干部基层联系点工作为抓手,采取"干部率先学习、干部专题讲解、干部深入一线"的方式,进一步阐述公司的发展规划、发展中的问题及解决办法,引导职工心往一处想、劲往一处使。

(二)强化党业融合力

强化党业融合力,将红色联盟转化为助力攻坚克难的坚强战斗力和战斗堡垒。

第一,坚持什么符合中央精神就打造什么,开展"党建+亏损治理"专项行动。

(1)聚焦顶层设计,突出党建引领。一是认真落实党组织法定地位。注重把加强党的领导和完善公司治理结构统一起来,将党组织的机构设置、职责分工、工作任务等党建工作要求纳入公司章程,明确党组织在公司法人治理结构中的法定地位。二是强化党组织把关掌舵作用。明确党组织研究讨论是董事会、经理层决策公司重大经营事项的前置程序,建立和完善"三重一大"议事规则,明确党组织研究讨论重大经营事项清单,进一步明确党组织在决策、执行、监督各环节的权责和工作方式,避免产生党建工作与生产经营"两张皮"的现象。三是成立亏损治理工作小组。由公司党委牵头,班子成员各负其责,强化亏损治理的组织领导。

(2)聚焦科学研判,深挖亏损原因。一是制定亏损治理行动方案。立足企业自身经营情况,总结分析亏损原因,并对亏损原因背后的驱动因素进行深入剖析,制定可分解、可量化的亏损治理行动方案。二是定期跟踪关键指标。党员领导干部要全程负责亏损治理行动方案的督促实施,每月跟踪亏损企业的销售拓展、市场开拓进度、重点岗位人员配置、生产成本、流程合理性等关键指标。三是创建"揭榜攻关"活动。结合企业实际情况,积极创建"党支部带党员揭红榜、党员带群众破难题"攻关小组,带领广大党员职工成为创造价值的主力军,搭建起党建工作与生产经营紧密融合的"路"与"桥"(图1)。

图1　2022年1月,国药中联党员揭榜公司顽疾项目

(3)聚焦靠前指挥,紧密联系群众。进一步提升内部横纵协同的亏损治理效果,党员领导干部靠前指挥,主动协调各部门步调一致、密切协作、共同行动,注重紧密联系群众,深入基层一线,深刻领会问计于员工、问需于员工、问效于员工,积极搭建建言献策平台,定期举办员工座谈会、献策论坛、管理沙龙等,党员领导干部与广大党员职工之间面对面沟通、心贴心交流,从而广纳良策。

第二,坚持什么符合企业需求就打造什么,开展"党建+提质增效"专项行动。

(1)突出党建引领,坚定信心"迎难上"。一是组建专项工作小组。成立"党建+提质增效"工作小组,党委书记作为第一责任人,主动研究部署项目方案,细化目标,坚持上级带下级、干部带队伍、党员带群众,深入研究新思路新举措新途径,助推提质增效工作有序推进。二是将基层联系点工作和提质增效专项行动深度融合,党员领导干部到基层联系点带头宣讲,谈认识、谈措施,深入调查研究,全程参与基层联系点关于提质增效的专项工作,扎实履行领导责任,为引领和推动公司实现高质量发展提供坚强的政治保证。三是各党支部坚定信心,迎难而上,积极动员落实提质增效专项行动,结合支部特点申报项目,设立提质增效示范岗,研究部署具体实施办法,鼓励岗位立功,坚持上级带下级、干部带队伍、党员带群众,突出重点、精准发力,在攻坚克难、提质增效上下功夫。

(2)聚焦主业发展,精准把脉"开药方"。搭建党建联系机制,发挥示范引领作用。以财务线为切入点,鼓励各部门、分/子公司至少报送1个提质增效项目,以项目立项亮点、项目实施前后对比、项目进度等为主形成报告,公司党委定期宣传提质增效工作的进展、成果和先进事迹。

(3)学会灵活应变,寻找发展"新机遇"。准确识变、科学应变、主动求变,善于危中寻机,着力优化国有企业布局结构,深化供给侧结构性改革,大力推进全产业链布局工作,在新技术、新产业、新业态、新模式中探索新机遇,对提质增效专项工作表现优秀的部门和优秀项目进行表彰激励,不断拓宽企业发展空间。

第三,坚持什么符合时代特点就打造什么,开展"党建＋人才赋能"专项行动。

(1)拓宽引才渠道,打造"人才引进"系统性工程。一是开展人才需求调研,确定人才引进"新方向"。围绕管理、财务、生产、质量、销售等专业方面,对当前人才需求展开全面调研及详细评估,分析各专业一线的人才状况、人才比例等,找准企业高质量发展的重点人才缺口。二是推行校企合作模式,拓宽人才引进"新渠道"。积极探索党建共建方式,通过产教融合、校企合作,逐步形成产教良性互动和校企优势互补的发展格局。各党支部结合实际,联合院校开展主题党日活动、建立实践基地、组织参观学习、交流座谈分享等,推动校企全面深度合作,促进人才培养、引进工作的有序开展。如图2所示。

图2 2022年4月,国药中联与湖北中医药大学开展校企合作专项活动

(2)优化培养体系,强化"岗位练兵"综合性实力。一是用好政治标准,选育"有志者"。坚持把政治标准作为选人用人的首要标准,严格抓好发展人才工作关键步骤,通过"以德选育、以赛选育、以能选育"等方式,选拔一支政治过硬、堪当重任的优秀干部队伍。二是设置个性专班,锤炼"主力军"。结合内部实际需求,开展如立夏计划、种子计划、中药材专业人员专班等工作,通过整合内、外部专家讲师团队授课资源,线上网络课程、线下集中授课、现场参观实践等多元化形式,开展企业特色人才培养工作。三是坚持以赛促学,磨砺"新能手"。联合工会,聚焦各专业一线基础知识、常见难点,搭建实践锻炼平台,定期开展岗位练兵、技术比武等活动,形成技能人才"比学赶超"氛围。以竞赛为手段,以学习为目的,持续加强一线职工专业技能,提升职工学习的主动性和积极性。四是善于以考促用,激发"新潜能"。持续发挥考核激励的指挥棒作用,逐步建立以专业技能等级认定、专项技能实操和工作业绩为主的考核评价体系。通过考核,持续激励技能人

才提升专业知识和专业技能,将考核融合到技能人才培养全过程。

第四,坚持什么符合企业责任就打造什么,开展"党建+乡村振兴"专项行动。

(1)"理论学习"进乡村,以思想破冰提振干事激情。一是组建学习小组,夯实思想根基。坚持服务乡村振兴大局,立足基地一线党员群众,组建学习小组,深入学习习近平总书记最新重要讲话和重要指示批示精神以及中医药政策动态,以"线上+线下""理论+实践""固定+自选"等方式,涵盖政治理论、政策法规、中药知识、种植技能等方面,助力提升基地一线党员群众的理论水平和思想认识。二是开展竞技比赛,营造学习氛围。基地一线党员群众积极开展劳动竞赛、技能比武、学术演讲、升旗仪式等各类活动,激发党员群众以饱满的热情、昂扬的姿态接续奋战在助力乡村振兴的前线。如图3所示。

图3　2022年6月,国药中联党员在宜昌市五峰县种植基地指导种植

(2)"中药扶持"进乡村,以战略合作激活乡村发展。充分发挥党建引领作用,积极与种植基地所在镇、村经济合作社共建种植联盟,以"党建+基地+品种"工作模式,通过提供种子种苗的方式为当地引进中药材优良品种;党员干部开展标准化种植培训,规范及指导当地农户种植工作,推动中药材种植标准化、规模化。同时,结合当地中药材种植情况和产业特色,在符合标准的情况下,为共建种植联盟产出的中药材进行统一收购。

(3)"示范基地"进乡村,以党员先锋攻关技术难题。采取"定人员、定范围、定任务"等方式,建立党员责任田,引领建设示范种植基地,党员带头培育种子种苗、带头种植中药材、带头举办种植培训、带头开展科研攻关,团结凝聚青年职工,组建种植突击队或技术攻关队,推动基地种植、维护及科研工作落实,建成"品种良、产量高、周期短、质量好"的中药材种植示范基地,带动当地中药材产量增收、质量提升、效益提升。

(三)强化聚合感召力

强化聚合感召力,将党建品牌转化为持续创新发展的动力源泉和强大优势。

(1)注重组织保障。一是提高党建品牌的重视度。将"党建＋红色联盟"专项行动列为党委会议题进行研究,并报送至总经理办公会,实现党政班子成员思想一致、行动一致,确保专项行动的方向性。二是提高党建品牌的关注度。通过各党支部汇报交流、比结果晒数据等,提高职工群众对党建品牌活动的关注度,激励党员在专项行动中勇担当敢作为。三是提高党建品牌的长久度。广泛征求职工群众对党建品牌的意见建议,总结党建品牌的经验,通过有具体内容、措施和要求的规章制度巩固党建品牌活动的实效。

(2)注重廉洁保障。亏损企业既是矛盾聚合点,也是腐败风险点,整合纪检、党群、法务、财务等多方监督力量,监督各种亏损点,确保监督的覆盖面和有效性,公司纪委参与"党建＋红色联盟"全过程,重点检查党建工作责任制,不断加强党的组织建设,确保党的重大决策部署得到有效贯彻执行,充分发挥党支部战斗堡垒作用和党员先锋模范作用。

(3)注重宣传引导。结合实际情况,成立品牌创建宣传组,开展誓师大会、优秀表彰、先进事迹分享交流等活动,适时利用党建微信公众号、内部OA办公平台、职工交流平台进行视频、图片、文章等形式的宣传,将"党建＋红色联盟"专项行动中的突出进展作为厂务公开的重要内容,确保党建品牌叫得响、走得远。

四、实施成效

1. 提高政治认识,主动作为

筑牢了党员干部职工的思想根基,变"被动学"为"主动学"。

组织全体党员干部职工开展习近平总书记近年来关于国企改革重要指示批示及论述的大学习、大普及、大落实活动,以"第一议题"为抓手,通过党委会、党委扩大会议每月开展1次诸如安全生产、科技研发、人才建设等内容的专题研究交流,每年开展2次邀请党校老师解读、领会中央精神的专题党课,以党员培训为提升点,组织全体党员开展"走进韶山·传承红色基因"活动、"凝心铸魂·阔步向前"遵义研学培训班,各党支部以"三会一课""主题党日"为发力点,组织全体党员观看《1921》《红船》等红色影片,开展红色故事分享、参观武汉革命博物馆等主题党日活动,以重要时间为节点,邀请全体职工收听观看习近平总书记的相关重要讲话等,鼓励全体党员干部职工用习近平总书记的重要批示、论述凝聚意志力量,统一思想、坚定信念,教育引导全体党员始终在政治立场、政治方向、政治原则、政治道路上同以习近平同志为核心的党中央保持高度一致。

2. 坚持正确方向,服务大局

解决了党组织功能弱化问题,变"两张皮"为"一盘棋"。一是将党建工作要求明确写入公司章程,明确了党建工作的法定地位。二是修订了《国药集团中联药业有限公司党委关于贯彻落实企业"三重一大"决策制度的实施办法》《国药集团中联药业有限公司党委工作规则》《国药集团中联药业有限公司总经理办公会工作规则》等制度,结合实际经营,厘清了重大事项与决策程序、决策范围、决策主体与决策方式及实施要求。三是修订了《国药集团中联药业有限公司干部选拔任免办法》,建立了干部提拔任免"六部曲",保证了党对干部人事工作的领导权和对重要干部的管理权。

3. 促进党业融合,成效检验

发挥了党的建设在生产经营的优势,变"有形态"为"有质态"。

一是推动公司高质量发展。在"党建＋亏损治理"专项行动中,公司党委层层传导责任、压实责任,党员领导干部负全责、中层管理干部签订落实责任书、全体职工的绩效与之挂钩。在政治责任的压力下,亏损治理行动方案布置到基层、行动到基层、落实到基层得以实现。"揭榜攻关"活动在5个支部的带领下,极大地提高了职工的工作热情和创造力。每年一次的征求意见职工座谈会让职工有了畅所欲言的渠道。职工子女托管班的开办让职工解除了后顾之忧,营造职工安心的工作氛围,推动职工在企业高质量发展中添砖加瓦。2022年7月的财务报表表明,公司摘掉了长达7年的亏损帽子。在"党建＋乡村振兴"专项行动中,一线党员深度参与五峰县长乐坪镇"中药生态小镇"的创建,利用专业优势将中医药元素融入长乐坪康养旅游产业,为乡村振兴贡献自己的力量。

二是培养一支有活力、能冲锋、可攻坚的实干型人才队伍。通过党员突击队、提质增效示范岗等队伍的建立,营造"比学赶超"的氛围,激发人才不断发挥才智,为企业高质量发展作出贡献。强基计划、种子计划和立夏计划的实施,激发了职工的竞争意识,共读一本书、与总经理谈一次心等活动实现了职工在短期内能胜任并出色完成更大的挑战工作和任务的目的。通过校企合作成立的"中联班",为公司培养了了解中联、符合中联要求、认可中联的实习生。

三是促进精益化管理,"党建＋提质增效"专项行动的推出,仅2022年上半年就有17个部门及车间参与,收到金点子16项,立项106个,宣传报道6篇,在一定程度上缩短了工作流程、提升了工作质量。

五、主要经验

1. 坚守围绕中心的政治使命

在开展"党建＋红色联盟"专项行动中,聚焦贯彻落实习近平总书记关于国企改革工作重要论述,围绕企业发展中长期亏损的扭转、人才赋能、央企责任等重点、中心任务开展一系列工作,使党建品牌没有流于表面,成为党员的额外负担,反而促使党建品牌有生命力、党员有行动力。

2. 注重党建品牌的宣传引导

党建品牌的创建并非一蹴而就,需要关注创建过程中的每一个节点。一方面,结合实际情况,建立品牌创建推进机制,通过亮点提炼、试点先行、探索经验、交流研讨、定期汇报等方式,做到以点带面、辐射引领、全面推进,不断提高党建品牌的推动力;另一方面,通过党建微信公众号、内部办公平台、职工交流平台等媒介,形成榜样人物宣传、先进事迹宣传、风云人物评选等激励机制,不断提高党建品牌的影响力。

3. 突出与时俱进的创新理念

党建品牌不是生搬硬造,须结合现有资源重点培育,使其特点更加明显、作用更加突出、成效更加显著。一是做到方式方法创新,结合属地红色资源、文化特色开展一系列有质量、有实效、有特色的党建活动。二是做到工作思路创新,对于符合中央精神、符合群众意愿的就大胆地干。三是做到内容载体创新,不断开辟新的阵地,实现由"特色"向"品牌"的升华。

4. 保持久久为功的工作定力

"党建+红色联盟"的成效不可能一蹴而就、一步到位,必须久久为功、善作善成。党建品牌的创建从谋划到初见成效,需要不断总结、不断完善,健全完善保障机制,在政策、资源上给予一定的倾斜和支持,全面做好人员、物资保障工作,解决党建品牌的后顾之忧,确保党建品牌的持续深入、持久发力。

国药中联党委尝试建立"党建+红色联盟"一体化融合发展新生态,力争将成熟的经验模式向同行业同类企业复制推广,并针对企业服务型制造的转型实际建立转型监测评价体系,建议有条件的地区建立跨区域、跨行业、跨领域的新型"党建+产业"联盟,通过多点发力,促进"党业融合"生态环境的培育。

"三融合三服务"凝聚高质量发展合力

党的十八大以来,以习近平同志为核心的党中央,在团结带领全党全国各族人民实现中华民族伟大复兴中国梦的征程中,把全面从严治党纳入"四个全面"战略布局,不断进行新的探索,系统回答了党的建设为什么抓、谁来抓、抓什么、怎么抓等一系列带有方向性、根本性、全局性、战略性的重大问题。

在这一思想的指引下,中建铁路工程总承包公司(以下简称总承包公司)党委紧跟党中央全面从严治党步伐,狠抓基层党组织建设,持续提升基层组织力,进一步发挥党建工作效能,创新开展"三融合三服务"工作,探索党建工作新模式,推动党建工作与中心工作"深度融入、精准内嵌",挖掘和发挥"合金效应",在服务大局中凝神聚力,在聚焦主业中实干担当,为实现企业高质量发展提供坚强有力的组织保障。

一、案例背景

为积极响应上级党委"铁路优先"发展战略,中建铁路工程总承包公司于2018年5月25日正式组建成立。公司成立时共有在建项目24个,其中有11个为划转铁路项目,面临着历史遗留问题多、发展包袱重、阻力大等一系列突出问题。总承包公司党委坚持强化党建引领,聚焦重点难点,通过全面从严治党、全面从严治企,着力提升基层党组织战斗力。总承包公司党委秉承"至精至诚、为先行远"的企业品格,本着"保持战略定力,办好自己事"的精神,强化党建引领,聚焦改革发展,谋求员工福祉。

二、实施目标

"重基层强组织,打造坚强堡垒"可谓是制胜法宝。从成立伊始,总承包公司党委一直坚持把党的领导放在首位,严格落实党委会决策前置程序,在企业发展运营中充分发挥各级党组织战斗堡垒作用和党员先锋模范作用,开展"四型"(引领型、先锋型、创新型、服务型)党支部创建工作,通过7类28条党建和中心工作融入举措,确保支部在中心工作中发挥作用。同时推动解决历史遗留问题,步入良性发展,员工队伍信心高涨,品牌形象全面提升,公司基层党组织整体能力大幅提升。

三、实施路径

(一)党建与企业管理思路融合

国有企业是中国特色社会主义的重要物质基础和政治基础。坚持党的领导、加强党的建设是国有企业的"根"和"魂",是我国国有企业的独特优势、光荣传统、力量所在。必须坚持党对国有企业的领导不动摇,坚持建强国有企业基层党组织不放松,坚持党领导各项工作的体制机制,确保党对一切工作的领导,确保党总揽全局、协调各方,推动国有企业改革发展取得重大成果,为做强做优做大国有企业提供坚强组织保证。

一是落实"一岗双责",把稳"方向盘"。公司党委坚持"双向进入、交叉任职"原则,促进党建工作与中心工作融入和协同;创新实施党支部书记履职考评细则,开展年度支部书记述职考评工作,述职结果作为全年工作考核的重要依据;围绕企业生产经营任务梳理制定支部党建责任目标,建立"周有一学、月有一考、季有一评"机制,增强管党治党的政治自觉,确保全年目标不游离,工作靶向不偏移。

二是加强"三基建设",种好"责任田"。公司党委将支部"三会一课"情况纳入党建工作管理,每月进行通报考评,创新开展"三会一课情景模拟大赛"(图1),推进基层党支部标准化、规范化管理。新冠疫情防控期间,项目、部门以党员作为牵头人共划分210个网格化小组,每名党员联系一个网格,与2~3名职工结成对子,负责疫情监测、排查、预警工作,确保疫情防控工作有力有序有效开展。

三是坚持问题导向,织密"民意网"。公司党委建立"不忘初心、牢记使命"长效机制,每季度开展一次覆盖全部18个支部的调查研究,同时采取交流座谈、个别访谈、设立意

图1 "三会一课"情景模拟大赛作品示意

见箱等多种形式收集职工诉求、意见和建议,通过调研成果交流会及时进行研讨商议,有效解决职工报销、废旧物资安置等32项具体问题。如图2所示。

图2 设立意见箱

(二)党建与中心工作载体融合

国有企业党的建设与中心工作是互相促进、紧密结合、不可分割的,要树立"围绕发展抓党建,抓好党建促发展"的思想,做到两手抓、两手硬,真正实现党建工作与中心工作全面发展。要把业务的"主战场"作为党建工作的"主阵地",实现党建工作有载体、发挥作用有平台,成功破解党建在生产经营、急难险重、指标提升等方面存在的问题和瓶颈,切实把党的政治优势、组织优势转化为发展优势,把党建工作实实在在地融入企业中心工作,推动党建工作与生产经营中心工作深度融合、同向发力。

一是创岗建区当表率,多维面树立"红色形象"。在项目党支部,推行党员先锋号、示范岗、责任区,抓标杆、树典型,切实发挥好一线党员的辐射带动作用;在机关党支部,以"联创共建"为主线,以"两深入、一服务"活动等多种形式,切实发挥机关服务职能。同时,通过"我是共产党员""支部书记体验日"等征集、评选诸方式,对典型集体和个人进行宣传、表彰,进一步激发公司全员携手干一流的信心与动力。如图3所示。

图3 开展党员责任区、党员突击队、党员先锋岗授牌授旗仪式

二是党员帮带促提升,进阶式打造"红色加速器"。公司党委深入落实"1+2"党员先锋工程(图4),定制《活动手册》,以"四带四同"为主要内容,对帮带双方责任义务、联系频次、记录内容作出明确要求并实施交底,带动广大员工立足岗位、建功立业;以党员技术创新工作室为平台,党员带领群众扛起科技创新大旗,4个创新工作室共提出创新课题6个,年创造经济效益5000余万元。哈尔滨机场项目获国家优质工程奖,雄安站房项目获"中国钢结构金奖"杰出大奖。

三是主题活动促发展,全方位推动"红色比拼"。通过多种形式开展劳动技能竞赛,对比武中成绩突出、日常贡献较大的职工,党支部及时将其纳入党员发展,并在评先评优中给予倾斜;开展"高质量发展,我该怎么做"大讨论以及金点子征集等评比活动,党员职工建言献策,打造全员关注企业、群策群力的攻坚氛围。

(三)党建与文化建设多维融合

对国有企业党建而言,要促进其与企业生产经营相融合,就必须推进国有企业党建与企业文化的全面整合,这是一个必然的选择和过程。党建工作和企业文化不是孤立的,而是相辅相成的。如果将企业比作船,那文化就是帆,党建工作就是舵,三者在企业可持续发展过程中呈现联动效应,互为支撑、互为配合、互为依存才能有效推动企业创新发展。以企

附件

"1+2"党员先锋工程考核积分表

类别	工作目标	积分标准	分值上限	考核得分
帮带计划执行	按时完成帮带工作计划制定与审批	按时完成积20分；延期1-10天积15分；延期11-20天积10分；延期21-30天积5分；延期超过30天不得分。	20	
帮带过程质量	帮带记录描述清晰，帮带资料齐全（包括但不限于帮带照片、学习课件、心得体会、工作成果等），并及时上传到"智慧党建"系统。	每次帮带记录描述清晰，帮带资料齐全且上传不延期积2分，否则积1分。	20	
帮带对象满意度	帮带对象对党员本年度帮带工作反馈较好，并分为非常满意、满意、基本满意、一般和不满意。	非常满意积10分；满意积8分；基本满意积6分；一般积4分；不满意不得分。如只帮带1名群众，则积分=评价得分*2	20	
	征求帮带对象所在项目或部门负责人的意见，帮带对象本年度在思想、作风、综合能力等方面是否取得明显提升，分为显著提升、提升、一般、未提升4档	明显提升积5分；提升4分；一般积3分；未提升不得分。如只帮带1名群众，则积分=评价得分*2	10	
帮带工作成效	帮带对象年度绩效取得较好成绩	优秀(A)积10分；良好(B)积8分；称职(C)积6分；基本称职(D)不得分。如只帮带1名群众，则积分=评价得分*2	20	
	帮带对象获得市级或公司级（含）以上荣誉奖励（包括但不限于先进个人、专项表彰、工法、论文、专利等）	每有一项加1分，同一奖项在不同层级获奖不重复计算。	10	

图4 "1+2"党员先锋工程考核积分表

业文化建设为载体开展党建工作，也更加有利于增强党建工作的吸引力和感染力。

一是线上线下建"党员之家"。建立党员活动驿站，搭建阅读室、谈心室、活动室为一体的党员集中学习、研讨交流的平台，成为党支部精神宣传、民主决策、风采展示的活动阵地；组建"基层党建工作群""支部工作群"等微信群，采取"党支部＋姓名"的实名制管理，通过提供学习资料、解答业务咨询、共同探讨交流等方式，不断释放"指尖上的正能量"；加强党员活动室（图5）、职工书屋、办公场所"上墙"等静态文化建设，通过持续推进品牌建设、完善制度、创建文明单位等动态文化建设，以文化育人，凝聚人心。

二是以人为本建"温馨之家"。采取冬送温暖、夏送清凉、中高考职工子女慰问、金秋助学等多种形式开展"送温暖"和职工帮扶活动；在12个项目设立职工服务站，制定"幸福总包"建设三年计划，提升服务效能；积极解决职工最关心的热点、难点问题，广受职工好评；做好困难党员、困难职工和农民工的慰问工作，构建积极向上、充满活力的文化氛围和凝聚人心、提升执行力、充满创造力的党建文化氛围，实现文化与党建的深度融合、互促并进。

三是寓教于乐建"文化之家"。新中国成立70周年之际，通过开展"我与祖国共奋进"歌咏会以及"深情颂歌迎华诞，团结奋进创新功"红歌主题比赛（图6）、开展主题党日活动等方式，表达对祖国的热爱之情；每月发布"创新奋进争一流"文化故事，展现党员职

图 5　党员活动室

工围绕中心工作、争创一流业绩的攻坚风采;积极举办雷锋日、爱护候鸟、安全生产志愿服务宣讲等服务活动,党员身体力行、以身作则,带动职工积极践行社会主义核心价值观。

图 6　开展"深情颂歌迎华诞,团结奋进创新功"红歌主题比赛

四、实施成效

(一)思想文化建设取得"新成效"

以理论学习中心组的学习为依托、以党内政治生活为重点,始终紧扣"两个巩固"根本任务,把理论学习与"两学一做"学习教育常态化、制度化结合起来,与"不忘初心,牢记使命"主题教育结合起来,以习近平新时代中国特色社会主义思想武装头脑、指导实践、推动工作。建立覆盖两家分公司和19个党支部的理论学习体系,有效增强广大党员干部的政治理论水平,引导广大党员干部牢固树立"四个意识",坚定"四个自信",做到"两个维护",为公司改革发展打下坚实思想基础。

(二)党的基层组织力得到"新提升"

以党支部规范化建设为重点,着力提升基层党组织建设质量,聚焦提升组织力、突出政治功能,组织生活严肃规范,阵地建设标准精细。比如,公司党委的下属桥梁分公司机关党支部积极探索"服务型"党组织新路径,定期开展谈心谈话,创办"青橙"大讲堂,为党员群众提供桥梁施工工艺、商务索赔等多种形式的培训;兰张三四线项目党支部成立四支党员突击队,每月进行"安全、质量、进度、成本、技术、综合"六大板块的综合管理考评,激发各突击队的创优争先意识,完成首墩、首片梁等4个重大施工节点,获全线第一。公司党委获得中国企业文化协会"新时代党建+企业文化先进单位"、中国建筑"先进基层党组织"等。

(三)与生产经营相融互促达到"新高度"

公司党委通过一系列的相融互促举措,将全体职工的思想统一到干事创业上来。公司仅用1年时间,实现划转11条遗留难点铁路项目全部贯通,2年企业发展基本稳定,3年步入良性发展正轨。2021年公司营业收入超额完成年度目标任务,公司成立后新承接的"一带一路"重点工程——兰张三四线项目实现连续5个月产值过亿,呼市"两横两纵"主干——昭哲快速路项目实现全线贯通,山东"三纵三横"重要工程——潍莱铁路项目,以及亚洲最大高铁站——雄安高铁站房项目,顺利通车。此外还有,安康体育馆、亚布力会议中心等多个重大项目竣工验收,哈尔滨机场项目获国家优质工程奖,雄安高铁站房项目成功入围钢结构金奖,潍莱铁路项目获全国青年安全生产示范岗,等等。

五、主要经验

一是坚持党建工作与生产经营相融互促,增强自身发展动力。认真落实"一岗双责",切实履行党组织书记第一责任人职责及班子成员工作责任,明确党支部班子成员管业务必须管思想、管作风、管廉政的工作要求,形成抓党建、强责任、提管理的党建工作格局。把业务的"主战场"作为党建工作的"主阵地",实现党建工作有载体,发挥作用有平台,推动党建工作与生产经营深度融合、同向发力。

二是强化基层组织堡垒作用的发挥,实现支部标准化建设。做到"业务工作开展到哪里、党员的活动触及到哪里,党组织的力量就发挥到哪里"。打造基层党员发展的平台和荟萃基层党建成果的窗口。扎实推进"四型"党支部创建及"1+2"党员先锋工程,打通基层党组织建设的"最后一公里",让基层员工切实感受到党组织、党员就在身边。在激发活力的同时,落实好"三会一课"和领导干部双重组织生活等"必修课"。

三是积极探索"党建+文化"的模式,构建组织文化体系。加强党员活动室、职工书屋、办公场所"上墙"等静态文化建设,通过持续推进品牌建设、完善制度、创建文明单位等动态文化建设,以文化育人,凝聚人心。持续开展品牌提升、内训师遴选、技能竞赛比武等活动,使品牌文化内化于心、外化于行。做好困难党员、困难职工和农民工的慰问工作,构建积极向上、充满活力的文化氛围和凝聚人心、提升执行力、充满创造力的党建文化氛围,实现文化与党建的深度融合、互促并进。

用活"党建+联创共建",打造一流高铁工程

"惟创新者进,惟创新者强,惟创新者胜。"在坚持以习近平新时代中国特色社会主义思想为指导,深刻理解党的建设新的伟大工程决定性作用,以党建为统领,强根铸魂,以高质量党建引领行业高质量发展的热潮中,中建三局城建有限公司创新开展"党建+联创共建"的模式,聚焦"精品工程、安全工程、绿色工程、廉洁工程",牵头开展高铁建设党建联创共建活动,对发挥党建引领作用、工程项目一线党组织战斗堡垒作用和党员先锋模范作用起到了倍增器的效应,显著促进了关乎国计民生的大型铁路项目的高质量建设。

一、案例背景

新建昌景黄高铁起自江西南昌,经由景德镇终至安徽黄山,线路全长289.9公里,其中江西段200.3公里,桥隧比87.3%,设计时速350公里。线路横跨鄱阳湖区,贯穿黄山山脉,是一条串起"名城、名都、名湖、名山"的黄金旅游通道。2019年9月中建铁路投资建设集团有限公司旗下的中建三局城建有限公司300多名高铁建设者进驻鄱阳湖区,组建5个基层党支部,负责鄱阳湖28.869公里长特大桥、余干站房、军山湖站房、南昌东站和49.831公里长40米千吨级预制箱梁的制运架5个分部的工程。项目进驻之初,面临团队融合慢、村民阻工频繁、工期任务紧、分部协同难、站前和站房交叉施工繁多等诸多难题,同时还遭遇了新冠疫情的严峻考验和60年一遇特大洪水挑战等。

如何通过党建工作与生产经营的相融互促来快速克服上述横亘在建设者面前的难题,成为中建三局昌景黄铁路项目团队痛点。"痛则不通,通则不痛。"项目党工委召集5个分部党员同志召开了党员大会进行研讨。结合建设条件和建设任务实际,党员同志

们一致认为应该通过联创共建的方式有机融合5个分部的支部,再通过各支部的纽带作用团结300余名建设者步调一致围绕工程项目高质量生产履约目标。经过3年来"党建+联创共建"活动的持续开展,有效地促进了各项工作提质增效。凭借着"党建+联创共建"的丰硕成果,中建三局于2022年9月26日出色地承办了以"奋进新征程 喜迎二十大"为主题的中国铁路南昌局党建工作现场会,与会人员观摩了昌景黄铁路站前4标项目二分部鄱阳湖特大桥第三册75#～85#墩无砟轨道工程示范段工艺流程和施工卡控要点等精益建造技术,以及中国建筑昌景黄铁路4标项目部高铁党员创新工作室和廉洁文化示范点,深入了解昌景黄全线党员先锋岗队区室建设、"建证"系列成果、劳动竞赛系列成果,取得了良好的效果。中建铁投和中建三局的建设者以实际行动践行了"打造世界一流高铁,建设美丽昌景黄"的建设目标。

二、实施目标

联创共建是"党建+"的有效载体。开展"党建+联创共建"的目的就在于建强组织,共享创新成果,全面提质增效。中建三局在昌景黄铁路项目主要从以下六方面设置了实施目标。

(一)"党建+技术创新",聚力专业能力提升

(1)以"五比五创"活动为重要载体,成立中国建筑昌景黄铁路4标项目部高铁党员创新工作室,聚焦工程关键节点开展技术攻坚。

(2)针对40米箱梁的制、运、架与180米连续梁拱进行创新研究,获得了各类科技进步奖以及专利、工法、论文、工程建造微创新技术大赛奖等奖项,共计38项荣誉。通过技术创新节约成本1200万元以上,为促进全线创新创效起到积极示范作用,得到了全线同行和建设单位的广泛认可。图1为建设单位颁发的先进高铁党员创新工作室牌匾。

(二)"党建+群团工作",凝聚工作团队合力

(1)深入开展"党史学习主题教育",推进"红色教育专题学习""党史我来讲"等特色党史学习载体,通过党史学习促进发展。如图2所示。

(2)积极动员员工参加志愿者活动,关注青年员工成长成才,选树企业先进标杆,带

图1　建设单位颁发的先进高铁党员创新工作室牌匾

图2　优秀党员赴井冈山干部管理学院进行党史教育

动群团共同营造良好团队氛围。项目重视青年员工培养,激发青年活力与拼搏精神,树立企业良好形象,荣获上饶市工人先锋号、上饶市青年五四集体奖章等重大荣誉。

(三)"党建+责任担当",弘扬抗洪抗疫精神

(1)项目全体党员在抗洪抢险等危难时刻与属地人民同心同行,洪灾期间紧急成立防汛应急党员突击队,先后调派大型设备36台、铺路砂石38车、防汛沙袋1500余个,平整撤离通道6.8公里,如图3所示。

图 3 党员突击队在信江抗洪抢险

(2)面对属地突发的疫情,设立"项目部一分部"2个层级6个党员责任区,组建6个党员突击队,在积极落实常态化疫情防控责任的同时科学地组织施工生产。

(四)"党建+站区一体化",打造"城市之门、高铁客厅"

(1)站区建设以"一体化"为目标,努力做到铁路站区和地方市政配套工程规划设计"两图合一图",统一建筑风格和设计理念,将站房打造为"城市之门、高铁客厅"。

(2)整合站场、站房、站区功能定位,优化站前广场设计,深化站房装饰装修,细化站区景观设计,在充分强调建筑本身功能性的同时实现"功能、文化、艺术"深度融合。

(五)"党建+劳动竞赛",防疫达产两手抓

(1)持续开展"战疫达产保目标•精益建造创标杆"劳动竞赛,定期对产值完成情况进行通报。

(2)按统一要求,开展"树典型、创标杆、见成效"精益建造劳动竞赛,把重点工程、"441计划"示范项目、精益建造示范项目、基础设施标杆项目、成本标杆项目以及各单位推荐的创标杆项目放在一起,同台竞赛,掀起"比学赶超"的生产热潮。如图4所示。

图 4　劳动竞赛授旗仪式

(六)"党建＋廉洁文化",营造风清气正氛围

(1)全面落实党风廉政责任制,以廉洁文化"五进"为载体,开设廉政橱窗与廉政走廊,举办"清风"系列文学艺术比赛。

(2)每年签订廉政承诺书,日常设立廉政信箱,打造廉政文化新品牌,营造风清气正的铁路建设环境。

(3)定期由各支部书记上廉政党课。

三、实践路径

(一)联学聚共识

1. 抓联组学习

以分部为成员单位:一是坚持"第一议题制度",联组跟进学习习近平总书记对铁路建设重要指示批示精神,深刻领会"五大工程""三个施工"的内涵,做到"两个维护";二是项目开工时,联组学习国铁集团党组、中央派驻纪检监察组和集团公司党委关于铁路建设的相关要求,学习"廉政协议";三是项目建设中,每半年组织一次联组学习,学习内容视情预通知。

2. 抓联合宣讲

吸收各分部宣传骨干,组织联合宣讲小分队,以"讲政治、保安全、抓落实""四必须、五压实""高标准、强基础、严程序、勤思考、重落实"为基本内容,依据形势任务和上级决策部署,丰富完善宣讲主题,每半年到各分部现场开展"奋进新征程、建功新时代"巡回宣讲。

(二)联建夯基础

1. 共树品牌

项目开工时,收集各分部在其他高铁建设项目党建经验做法和优势品牌,汇编成册,推进党建品牌互学互鉴,引领公司在建项目党建联创共建;项目建设中期,召开一次党建联创共建经验小结会,形成经验汇编,推进党建联创共建不断深入;项目开通前,组织各分部党组织抓好总结,共同编辑本项目的"党建品牌集",为在新项目启动新一轮党建联创共建夯实基础。

2. 共讲微课

制订项目实施阶段公司各部门、指挥部、分部项目部轮流循环的、每月讲一课的微党课计划,围绕"两学一做"、党史学习教育,围绕本项目各专业的技术、工艺工法,围绕安全质量、环水保、投资控制、验工计价、设计变更等,组织专家、业务骨干撰写课件,编辑小视频上公司办公网,供各分部全体党员和职工线上学习,学习情况按隶属纳入党员平时学时管理。通过专家和骨干的学识和经验,带动党员学技练功,促进全员提高理论素养和技术业务能力。

3. 共抓微宣

聚焦工程重要节点、关键工序、会战场面,用镜头捕捉工程之美;聚焦高铁建设者的足迹、汗水、奉献,用文字诠释职工群众平凡中的不平凡;聚焦"我为沿线群众办实事"和支持沿线乡村振兴,讲好永临结合、路地鱼水情的故事。聚焦党建联创共建活动,宣传党建引领、凝心聚力、攻坚克难、化解矛盾、稳定队伍的做法。各分部项目部每月向公司党群部至少报一篇图文稿,共同讲好高铁建设的故事。

(三) 联动强落实

1. 明责任

围绕疫情防控和施工安全质量风险防控，与中心工作同步，标明党员责任区、责任岗位，以表格形式形成昌景黄高铁建设工地党员责任分布图，挂图联动督导，以党员创岗建区的深化，促进党员作用落到实处。

2. 盯重点

紧盯工期关键路线的滞后项目、结合部配合不顺畅的关键节点、防洪抢险、营业线和邻近既有线施工等，组建党员突击队，授旗开展党员突击活动，以党员突击联动，促进党员关键时刻冲得上。

(四) 联创重引领

抓好"五有"高铁党员创新工作室建设。

1. 有组织

成立中国建筑昌景黄高铁项目建设党员创新工作室，指挥部党组织负责人担任主任，各分部党组织负责人担任副主任。党员创新工作室成员由各专业业务骨干组成。

2. 有场所

要求门口挂牌标示，成员"上墙"明示，创新工作点现场分布图片揭示，成果动态展示。

3. 有课题

年初召开工作室主任会议确定党员创新课题，并明确课题负责人和课题组成员。课题可分技术方面，如技术创新发明、新技术运用，工艺工法、作业机具改进改良；施工管理方面，如管理文化、管理制度、管理流程创新再造；党的建设方面，如制度建设、品牌建设、党内主题活动创新创优等。要求每年每个分部提报2个及以上课题。

4. 有活动

认真抓好课题调研，围绕施组、阶段重点工作的特点、难点和上级要求开展调研活动，收集或提出创新项目。围绕各分部党建品牌，结合分部在建工程地域特点、历史文化开展研讨,提出融合、嫁接、再造课题,推进项目党建品牌创新。着力抓好课题攻关,课题确定后,明确责任和完成时间,加强过程指导,在时间、经费、专家咨询等方面给予支持,每季度利用月度生产例会对党员课题攻关活动进行调度。切实抓好成果评审,课题攻关形成成果后,要组织内部评审,听取和收集有关各方对成果的评价。

5. 有成果

"党员创新工作室"专用电脑上给每个创新课题建立文件夹,按照所列目录全面收集党员创新成果的文字、图片和视频资料。所列目录为:课题名称,课题负责人和攻关小组成员名单,成果介绍,专家评价,经验材料,发表的论文,获奖证书和专利证书的复印件,媒体报道,攻关过程的有关资料,等等。由相关指挥部党支部实施电子化管理,对较重大的成果,在指挥部开辟专门展示区,运用图文、视频、多媒体等形式,适时探索使用VR等先进技术进行展示。

(五)联控正作风

抓好以下"六个一"高铁建设廉洁共建:

(1)签订一份廉洁协议。指挥部党工委与各分部签订《项目建设廉洁协议》,纳入履约考核,对廉洁协议的落实情况,不定期开展双向监督。

(2)开展一次联合案例巡展。项目开工时,组织各分部共同收集工程建设领域案例,制作展板,到各标段开展巡展,各党支部组织座谈观后感,营造严的氛围。

(3)编一本廉洁警句格言集。与各分部联合征集廉洁警句格言、手抄报、廉洁家书,汇编成册,以推进项目廉洁文化建设。

(4)每周一个廉洁故事。每周在共建微信群推送一个廉洁小故事,提升项目建设者廉洁素养。

(5)一次廉政警示教育。重要节假日之前开展一次廉政警示教育,反复重申"九个严禁",做到警钟长鸣。

(6)每半年开展一次调研督查。到各分部项目部召开座谈会、个别谈话,听取对公司班子、部门、指挥部党员干部落实党风廉政建设责任制、中央八项规定精神和服务现场担当作为的意见建议,畅通监督渠道,促进党员干部进一步转变工作作风。

四、实施成效

通过持续深入的"党建+联创共建"活动,中建三局昌景黄铁路项目主要取得了以下五个方面的显著成效：

（1）按照投资计划顺利完成各节点投资目标，为通车交验提供了有力保障。截至2022年第三季度，中国建筑昌景黄铁路4标完成年度投资额7亿元，完成年度投资计划8.2亿元的85%；开累完成投资额22.4亿元，完成合同金额的91%。

（2）全员安全生产责任制得到严格落实，获得"安全文明示范工地"称号。项目部全体党员干部坚持"党政同责、一岗双责、齐抓共管、失职追责"，按照"三个必须"和"谁主管谁负责"的原则，层层压紧压实安全责任，细化和修订了各项安全管理制度，建立健全安全包保责任制、消防安全责任制、消防安全管理实施细则，按照逐级负责、分工负责、岗位负责以及主要领导包保负责从机制上对各级干部进行激励和约束，强化干部责任意识。

（3）通过红旗设备管理措施，大型机械设备管理安全、规范、高效。各分部党员认领红旗设备，定期检查大型机械设备并按规定进行维护及日常保养，确保转运安全条件满足要求，严格按照大型机械设备相应的管理制度和安全技术操作规程作业；针对梁场大型机械设备拆除，严格要求按照专项方案落实，对现场作业人员开展安全、技术交底培训，特种设备操作人员按要求持证上岗，起重吊装作业安排专人指挥，确保现场作业安全。

（4）坚持"以人民为中心"打造无缝换乘的高效交通枢纽，实现了绿色建造。处处以乘客旅行便捷和站车职工工作便利为出发点，深推"一体化合建部署"理念，项目部积极建立工程接口管理小组，与当地政府积极沟通协调供水、排水及排污点接驳工作，接驳点均设置在铁路红线范围内，方便铁路运营设备管理单位后期的维修事宜。

（5）压实了四方责任，严格落实防疫规定动作，新冠疫情期间项目员工无一例感染。项目部防疫办牵头负责防疫保障，与地方政府联合成立联防联控工作组，落实上级单位及属地政府"属地管理、外防输入、化小单位"的疫情管理要求，所有人员实行健康码、行程卡、核酸检测报告进场备案，实行一人一档管理，确保疫情防控到位。

五、主要经验

中建三局在昌景黄铁路项目深入开展"党建＋联创共建"活动的主要经验有以下六个方面：

（1）通过思想引领凝聚发展共识。深入学习习近平总书记关于国有企业党建、铁路建设的重要指示批示精神，弘扬伟大建党精神，拥护"两个确立"，做到"两个维护"，全员更加自觉地围绕中心统一行动。

（2）厚植"让党旗在建设一线高高飘扬"的行为理念。动员全体参建人员查、摆在项目党建工作中存在的认识偏差，积极设计"以实际行动喜迎二十大"等党内主题实践活动载体,引导党员在工程建设实践中建功立业。

(3)强化全员形势任务教育,大力弘扬岗位建功。开展"奋进新征程、建功新时代"主题宣讲,及时统一思想,明方向、知责任。

(4)开展示范引领,旗帜鲜明树立高标准、严要求。紧扣基础工作优、创新能力优的标准,抓好前期选点,在无砟轨道示范段、军山湖站房、余干站房,各选取一个具有典型意义的桥面系、桩基础或附属工程,开展党员示范段创建活动。

(5)共建党员责任岗区,齐心协力搞攻坚。由指挥部党支部牵头,各分部负责,结合疫情防控重要时期、安全生产风险点、质量控制重要工点、卡脖子重点通道等关键处所,细分党员责任岗、责任区并标识,使党内创岗建区与中心工作同频共振。制作全线党员责任岗区分布图,实施挂图联动督导,有力促进了岗、区共创,充分发挥了组织合力。

(6)创新引领共促党建工作与生产经营深度融合。把建设有组织、有场所、有课题、有活动、有成果的"五有"高铁党员创新工作室作为引领党建联创共建、发挥组织和党员作用、服务建设中心工作的关键环节。

第三篇

企业党建特色类

党建引航：用"劳模精神"激发企业发展动能

一、案例背景

人民创造历史，劳动开创未来。在中国共产党百年奋斗征程中，劳动模范始终是我国工人阶级中一个闪光的群体，享有崇高声誉，备受人民尊敬。

伟大的事业需要伟大的精神，伟大的精神托举伟大的梦想。一代又一代先进模范人物用自己的实际行动铸就了"爱岗敬业、争创一流，艰苦奋斗、勇于创新，淡泊名利、甘于奉献"的伟大劳模精神。时代在发展，劳动模范们的身份在变化，但劳模精神却代代相传。

党建兴则事业兴，党建强则企业强。武汉博宏建设集团有限公司坚持党建引领，大力弘扬劳模精神，凝聚奋进力量，助推企业发展行稳致远。

二、案例主要内容、取得的成效

（一）学习党史，追寻劳模精神源泉

在中国共产党百年的非凡奋斗历程中，一代又一代中国共产党人顽强拼搏、不懈奋斗，涌现出了一大批视死如归的革命烈士、一大批顽强奋斗的英雄人物、一大批忘我奉献的先进模范，形成了一系列伟大精神，构筑起了中国共产党人的精神谱系，为我们立

党、兴党、强党提供了丰厚滋养。

劳模精神是中国共产党人精神谱系的重要组成部分。在我们党团结带领人民进行革命、建设、改革的各个历史时期,劳动模范始终是我国工人阶级中一个闪光的群体。

革命战争年代,面对敌人的围堵封锁,边区军民依靠自己勤劳的双手艰苦创业,创造了陕北变江南的南泥湾奇迹;社会主义建设时期,作为第一批北大荒开垦者中的一员,新中国第一位女拖拉机手梁军用青春诠释艰苦奋斗、勇于开拓;改革开放新时期,"杂交水稻之父"袁隆平,为解决国人的温饱问题,不断追梦、勇于创新。劳模精神伴随着时代发展而不断丰富,并被赋予新的时代内涵。新时代的工人阶级和广大劳动群众在实现中国梦的伟大进程中拼搏奋斗、争创一流、勇攀高峰,谱写了"中国梦·劳动美"的新篇章。

孕育于革命战争年代,形成于社会主义革命和建设时期,发展于改革开放新时期,光大于中国特色社会主义新时代,劳模精神熠熠生辉。

2020年11月24日,习近平总书记在全国劳动模范和先进工作者表彰大会上的重要讲话中阐释了劳模精神的科学内涵,即"爱岗敬业、争创一流,艰苦奋斗、勇于创新,淡泊名利、甘于奉献",这24个字概括出了劳模精神最一般、最鲜明和最本质的特征。

"出乎史,入乎道。欲知大道,必先为史。"近年来,武汉博宏建设集团党支部坚持学史明理、学史增信、学史崇德、学史力行,从党史学习中感悟劳模精神,并将劳模精神融入办实事、开新局全过程。

行程万里,不忘来路;饮水思源,永葆初心。武汉博宏建设集团坚持贯通党史和企业史,通过回忆企业发展、重温筚路蓝缕创业的艰苦岁月,追寻劳模精神的源泉。70载春华秋实,作为汉阳市政旗下的博宏集团,从诞生之日起就自带汉阳市政劳模精神基因。汉阳市政先后涌现了王智高、陈文等一批真抓实干、拼搏奉献的市级劳模代表,荆武、钱涛等爱岗敬业、勇于创新的五一劳动奖章代表,以及胡西友等默默奉献一辈子、始终不忘初心的老一辈职工代表。

一代人有一代人的使命,一代人有一代人的担当。新时代新征程,在劳模精神的鼓舞下,武汉博宏建设集团涌现了一批先进典型、优秀员工。他们开拓进取、爱岗敬业,推动着企业的技术进步和转型升级;他们奋不顾身、保家卫国、抗疫抢险,交出了一份又一份优异答卷;他们在急、难、险、重、脏、苦、累的平凡岗位上,任劳任怨辛勤工作,生动地诠释着劳模精神。

抗击新冠疫情,武汉博宏建设集团党员率先出征,作出"我是党员,我先上!"的响亮回答,与疫魔鏖战到底;长江防汛,技术骨干日夜奋战,坚守防汛大堤,立下"堤在,我在!"的最雄壮誓言;重点项目建设工地,一批"90后"职工战酷暑斗严寒,发出"我年轻,让我来!"的最坚定声音。

重温党史和企业发展史,博宏人清醒地认识到,他们不仅是建筑形态的建设者,还是建筑灵魂的设计师,更是这座城市发展格局的缔造者,他们所建造的不单是高楼大厦、道路桥梁，更是这座城市的骨架和脊梁。

(二)宏心领航，感悟劳模精神伟力

党的十八大以来，以习近平同志为核心的党中央始终关心劳模和劳模工作，礼赞劳动创造，讴歌劳模精神、劳动精神、工匠精神。2013年4月28日，习近平总书记亲临全国总工会机关同全国劳动模范代表座谈，强调必须大力弘扬劳模精神、发挥劳模作用。2014年4月30日，习近平总书记在乌鲁木齐接见劳动模范和先进工作者、先进人物代表时，提出劳动精神。2016年4月26日，习近平总书记在安徽主持召开知识分子、劳动模范、青年代表座谈会时，提出工匠精神。2020年11月24日，在全国劳动模范和先进工作者表彰大会上，习近平总书记对劳模精神、劳动精神、工匠精神作出全面系统深刻阐述，强调劳模精神、劳动精神、工匠精神是以爱国主义为核心的民族精神和以改革创新为核心的时代精神的生动体现。习近平总书记的重要论述，丰富和深化了我们党对劳动、劳动价值的认识，对新时代新征程上大力弘扬劳模精神、劳动精神、工匠精神具有重大意义。

逐梦征程上的接续奋斗，源自思想的深刻自觉。武汉博宏建设集团将学习习近平新时代中国特色社会主义思想、学习习近平总书记关于劳模精神的重要论述和重要指示精神，作为长期坚持的政治任务来抓，进一步增强"四个意识"，坚定"四个自信"，做到"两个维护"，引导广大职工坚定不移听党话、矢志不渝跟党走，建功新时代。

"心有所信，方能行远。"武汉博宏建设集团党支部创新推出了特色党建品牌——"宏心领航"。即初心领航，强基筑魂，发挥党建引领力；凝心领航，武装思想，激发工作源动力；强心领航，以点带面，提升组织战斗力；暖心领航，勠力前行，汇聚员工向心力。博宏集团党支部不断强化职工的理想信念教育，学习劳模坚定不移听党话、矢志不渝跟党走，自觉把人生理想、家庭幸福融入国家富强、民族复兴的伟业之中；学习劳模吃苦在前、享受在后，克己奉公、甘于奉献的精神；学习劳模"功成不必在我"的忘我境界和"功成必定有我"的使命担当，筑牢职工理想信念底色。

(三)党建融合，厚植劳模精神沃土

党建强则企业强。党建抓实了就是执行力，抓细了就是凝聚力，抓强了就是战斗力。武汉博宏建设集团坚持党建引领，弘扬劳模精神，助推企业发展。武汉博宏建设集团党支部严格落实"三会一课"制度、召开劳模精神主题党日，组织党小组开展劳模精神理论学习等，把党史学习教育、学习企业发展史与弘扬劳模精神深度结合起来。图1为主题党日劳模讲党史。

图1 主题党日劳模讲党史

党建聚力，书记领航。"五一"劳动节之际，博宏集团党支部书记以"弘扬劳模精神，凝聚奋进力量"为主题讲党课，带领职工追溯劳模精神源泉，重温劳模光荣历史，感悟劳模精神伟力。武汉博宏建设集团由组建之初的几十个人、一个小院子，发展到今天的接近500人，经历了由小到大、由弱变强、由满足温饱到成为武汉建筑企业后起之秀的凤凰涅槃。回望武汉博宏建设集团的发展史，也是博宏人筚路蓝缕，一路披荆斩棘、奋斗拼搏的历史。一代又一代博宏人用接续奋斗铸就了"博大宏远、自强不息"的博宏精神。

一堂催人奋进的党课，一次荡涤心灵的洗礼。劳模精神党课，激发全体职工永葆爱岗敬业的主人翁精神、争创一流的创优精神、艰苦奋斗的拼搏精神、勇于创新的开拓精神、淡泊名利的超然精神、甘于奉献的忘我精神，为创一流品质、建百年博宏凝聚奋进力量，焕发企业上下"不待扬鞭自奋蹄"的高度自觉。作为一家拥有建筑特级资质的国有企业，需要有不断超越自我、创造发展高峰的雄心和壮志，不断将企业做大做强做优，实现博宏的高质量发展。

人无精神不立，企无精神不强。几十年来，劳模精神已经深入武汉博宏建设集团的骨髓、融入血液之中，成为企业发展的强大基因。正是有了"爱岗敬业、争创一流，艰苦奋斗、勇于创新，淡泊名利、甘于奉献"劳模精神的洗礼，才孕育出"博大宏远、自强不息"的企业文化。

(四)宣传劳模，营造崇尚劳模氛围

习近平总书记强调：要在全社会大力弘扬劳模精神、劳动精神，大力宣传劳动模范和其他典型的先进事迹,引导广大人民群众树立辛勤劳动、诚实劳动、创造性劳动的理念,让劳动光荣、创造伟大成为铿锵的时代强音,让劳动最光荣、劳动最崇高、劳动最伟大、劳动最美丽蔚然成风。

2022年1月起,武汉博宏建设集团在官微开辟《博宏·人物》专栏(见图2),聚焦平凡岗位中坚守初心的博宏人,"每一个奋斗的你,都将为博宏代言!"他们可能没有光芒耀眼的丰功伟业,也没有可歌可泣的惊人壮举,有的只是在平凡岗位上汇溪成海、聚沙成塔的坚守和奉献,他们在参与创造美好城市空间的同时,也在创造自己的美好人生。博宏人脚踏实地、始终如一,以高标准严要求做好每一件事,用青春和汗水浇灌了一个又一个精品工程,用执着和坚守书写博宏华章。正是他们的匠心与信仰的坚守,擎动一座城市的腾飞与辉煌。《博宏·人物》专栏推出后,在企业内外产生了强烈的反响。没有过多的豪言壮语,只有披星戴月、脚踏实地向前干。在博宏建设,他们用自己的点滴力量汇聚成了星辰大海。一位职工在微信推文下方深情留言:身边的榜样,可信、可亲、可敬!

图2 《博宏·人物》宣传海报

用实心做实事,用实干出实绩,用实功求实效。武汉博宏建设集团广泛开展致敬最美建设者等主题宣传教育活动,大力宣传先进工作者的典型事迹,展示劳模风采。受到劳模精神的感染,广大职工对岗位更加热爱敬重、对工作愈发着迷痴情、对事业更为执着坚守、对名利看得更为淡泊。

"爱岗敬业、争创一流,艰苦奋斗、勇于创新,淡泊名利、甘于奉献"的劳模精神在坚守中传承,"博大宏远、自强不息"企业精神在传承中升华。

(五)争当劳模,凝聚企业奋进的力量

社会主义是干出来的,新时代是奋斗出来的。宣传劳模是为了更好地崇尚劳模,学习劳模更要争当劳模。

干一行,爱一行,尽职尽责。武汉博宏建设集团二项目部项目经理纪成成就是近年来涌现的爱岗敬业代表(图3)。他坚持"质量建校",让孩子们享受安全教育环境;带头干,抓落实,他携团队让工期缩短3个月,向着全面封顶目标冲刺。他总说要多一点"砖头精神",甘做能成事的"砖头",入职10多年,他始终坚守在项目一线,一如既往秉承忠诚、务实的良好作风,先后在汉阳三里坡小学、鹦鹉洲小学、仙山小学、商业商务设施、居住项目(产权调换房)项目主持工作,无论项目体量大小,项目难易与否,他始终身先士卒,做好表率。为了积极开拓外地市场,积极承接高品质项目,奋力开拓发展新空间,博宏不少职工离乡背井、漂泊外地,奋战在外地,他们甘当踏实肯干的"拓荒牛",不待扬鞭自奋蹄,将青春和热血挥洒在了博宏最需要的地方。

图3 纪成成分享劳模故事

干一行,专一行,争创一流。武汉博宏建设集团以"一流品质、百年博宏"为奋斗目标,在汉阳区开展"比工程质量、比工程进度、比科学管理、比技术创新、比文明施工、比安全生产,创和谐团队"的"六比一创"劳动竞赛活动。2021年度,博宏集团在建的60余个项目践行"工匠精神",狠抓精细化施工,以"拼抢实"的作风全力冲刺,三里坡小学等10余所学校项目顺利完工并迎来开学;基金港产业基地等16个装修项目如期完工并投入使用;汉阳万达广场火爆开业,成为拉动区域居民消费、展现城市繁荣的"生力军";中南科研设计中心扛起"工程设计之都"荣光,助力四新加快建成企业总部集聚区;新港临江

汇装配式建筑快速推进；汉阳市政建设大厦项目作为汉阳地标性建筑，向着全面竣工冲刺。

时代在变，劳模的身份和面孔也在发生着变化，但奋斗的底色永远不变，创新的使命始终扛在肩。历史上，劳动模范是勇于创新的实践者。全国劳动模范袁隆平院士，坚持技术创新使杂交水稻亩产量每攀新高，让国人饭碗牢牢端在自己手中。"当代毕昇"王选把"高科技应做到'顶天立地'"作为自己一生的奋斗信条，不断追求技术上的新突破，使出版印刷行业"告别铅与火，迎来光与电"。正是靠着无数劳动者持之以恒、勇攀高峰的信念，我国很多科学技术、生产工艺才能突破"卡脖子"的各种难题，走在世界前列。

武汉博宏建设集团践行初心使命，引领创新团队传承红色基因，聚力创新工作，助推企业发展。2021年12月，博宏建设"绿色建造"创新工作室在中南科研设计中心揭牌，成为博宏建设首个揭牌运行，以绿色建造为切入点，依托房建项目开展技术革新、发明创造、技术攻关等活动的创新工作室。博宏集团抽调技术管理人员和一线技术骨干为创新工作室主要成员，依托中南科研设计中心，大力开展绿色建造创新工作，围绕绿色建造主题，组织开展技术攻关、管理创新等活动，解决公司技术发展瓶颈。

劳模精神铸就卓越品质，匠心建造赢得多项殊荣。2021年，武汉博宏建设集团迎来首个房建领域"国家优质工程"和"国家AAA级安全文明标准化工地"。湖北省装饰行业优秀工程、湖北省园林优质工程、质量安全楚天杯等荣誉纷至沓来，11个项目累计荣获国家级、省市级质量安全荣誉35项，QC成果获国家级、省市级荣誉15项，6项专利获国家授权。

三、总结与展望

2022年是实施"十四五"规划、全面建设社会主义现代化国家的重要一年，是奋力打造新时代英雄城市、全面开启武汉社会主义现代化建设新征程的第一年。

博宏建设集团党支部将继续坚持以习近平新时代中国特色社会主义思想为指导，从劳模精神中汲取奋进的精神力量，创新创建党建工作品牌，助推企业高质量发展。

党建引领明方向，劳模传承勇担当。博宏建设将大力弘扬劳模精神，坚持"拼"的精神、"抢"的劲头、"实"的作风，锐意进取、砥砺奋进，以更强的执行力、更高的建设标准，奋力谱写新时代劳动者之歌。

发挥先锋作用，凝聚红色力量

党员是党的细胞，是党组织联系群众的纽带，无论是面对各种灾情、汛情、险情还是持续的新冠疫情，维修一队的党员们都冲锋在前，让党旗在一线高高飘扬。本文论述了党的领导、企业文化、志愿者精神在维修一队党员身上的体现，完美诠释了党员的先锋模范作用。

一、背景介绍

一个党员，就是一面旗帜；一个支部，就是一个战斗堡垒。面对不断涌现的各种灾情、汛情、险情、疫情，维修一队党员干部心中有信仰、肩上有责任、守土有责、守土担责、守土尽责，以更坚定的信心、更顽强的意志、更果断的措施，聚焦工作重点、深化服务举措、务实工作基础，践行初心使命、体现责任担当。

一面党旗映初心，一颗红心永向党。维修一队支部党员始终把顶层设计作为领航灯塔，深耕红色文化，深化支部建设，在"急难险重"的任务中磨砺担当之刃。一是重使命，坚持组织人员在各主次干道参与抢险维修工作，用忠诚和信仰坚守岗位、用快速高质行动践行初心和使命，保障汉阳区内道路通行顺畅；二是强应急，积极投身城市道路维修、防汛抗洪、破冰除雪、防疫抗疫等应急抢险中，为抗疫表彰大会、文明城市创建、世界大健康博览会等重大赛事、会议的举办做好重要线路的保障工作，及时完成政治性、突发性市政设施维修和抢险任务；三是保防疫，组建党员先锋突击队、志愿服务队，打头阵、当先锋、作表率，坚定地站在防疫建设第一线，用实实在在的行动筑牢疫情防控中的坚实防线；四是强引领，定期下沉社区"清洁家园""防疫抗疫""扶困应急"，让党旗飘扬在一线，走进工地一线，打造"有高度、有深度、有厚度、有温度"的城市运维旗帜。

二、基本做法

以习近平新时代中国特色社会主义思想为指导,深入学习贯彻习近平总书记系列重要讲话精神,思想根基进一步筑牢、管党责任进一步压实、党建质量进一步提升、宗旨意识进一步牢固。

1. 党建引领聚合力,培根铸魂展风采

绷紧思想之弦,拧紧"总开关"。党员干部要牢记事物变化发展规律,马克思主义强调事物在不停地变化发展着,因此只有及时调整和转变思维,才能制订及时方案,解决实际问题。维修一队支部借助主题党日活动,以及学习强国等学习载体,以习近平总书记系列重要讲话精神为主要内容,强化理想信念教育,牢固树立"四个意识",坚定"四个自信",做到"两个维护""四个服从";以《中国共产党章程》《中国共产党纪律处分条例》《中国共产党廉洁自律准则》为主要内容,抓好党纪党风建设,强化政治纪律和组织纪律,把思想和行动统一到党中央、国务院的决策部署上来,以对人民极端负责的态度,严格落实上级工作部署要求,以学促干,加强实践锻炼和专业训练,深化为民服务意识,提升政治本领。

扛起党员责任,凝聚"正能量"。实践出真知,只有付诸行动,思维才能转化为存在,存在才能作用于现实。在艰难险阻面前,维修一队坚持"领导干部带头、共产党员先上、全体干部参与"的原则,党员领头成立志愿服务队,联动协调。2022年2月7日,大年初七,沉睡中的英雄城市一夜之间银装素裹,在迎接丰年的同时迎来了新的挑战,维修一队以党员为先锋,全员清雪除冰,保障通行,清雪车、撒盐车积极运作,全力破冰除雪,为人民群众安全出行保驾护航。如图1所示。

2. 弘扬企业文化精神,凝聚先锋力量

维修一队高质高效履行企业责任,统筹推进稳业主、拓市场、强管理、重党建、防风险、惠民生等工作,用一次又一次的责任、担当、温度、力量树立起企业更伟大的使命。

(1)理念指引,矢志遵循"总基调"。维修一队践行"社会尊敬的企业,员工幸福的家园"的企业愿景,不仅致力于为客户提供超越期待的产品和服务,以优质的产品交付客户赢得客户的信赖和尊重,以担当社会责任为己任,不仅为城市基础设施建设贡献力量,建设民生工程造福百姓,更是在危急关头,为了社会需要和民众安危挑起重任,护卫家园。维修一队以"党员示范岗、志愿服务、清洁家园、社区下沉"等实践活动为载体,突出劳模工匠的选树培养和宣传引领,努力营造劳动光荣的良好风尚和精益求精的敬业

图 1　2022 年 2 月 7 日，维修一队志愿服务队开展破冰除雪

风气。广大党员们不畏危难、不惧风雨，从"70 后"到"00 后"，从党员干部到普通职工，始终冲锋在一线，战斗在最前沿，以实际行动诠释党员的本色。

（2）以人为本，务实民生"压舱石"。"地势坤，君子以厚德载物。"维修一队所属公司在发展壮大的过程中秉持着诚信、大义、仁爱等高尚品德，为人民服务，保障基本民生，深入学习贯彻习近平总书记重要讲话精神，增强必胜之心、责任之心、仁爱之心、谨慎之心，当好人民群众贴心人，及时解决群众所急所忧所思所盼，"我是党员，我先上"；采取"日常巡查机制，坚决不留死角""应急处置响应，24 小时不断档""日夜兼程不放松，道路维修不打烊"三项措施，党员干部主动担当作为，把主题教育中激发出的爱国热情转化为立足岗位、发奋工作的实际行动，转化为攻坚克难、干事创业的实际成效。

3. 发扬志愿者精神，传递文明新风

响应"一城汉阳人，半城志愿者"号召，维修一队党员带头、全员参与，全体员工皆为志愿者，充分发挥党建引领作用，弘扬奉献、友爱、互助、进步的志愿者精神，以实际行动书写新时代的雷锋故事。

"内外兼修"，以传统文化为引领。中华优秀传统文化博大精深、源远流长，其蕴含的思想观念、人文精神、道德规范深刻展现出中华民族"最深沉的精神追求"和"最深厚的文化软实力"。在历史的长河中，如"仁者，爱人""德者，本也""民胞物与""天下为公"等传统价值观念早已成为中华优秀文化的重要部分，不仅铸就了绵延不断的中华文明，深刻影响着中国人的精神世界，更为志愿者精神提供坚实的道德基础和文化支撑。这些中华优秀传统文化的核心价值观念，不仅与志愿者精神所倡导的"奉献、友爱、互助、进步"高度契合，更"结合时代要求继承创新，让中华文化展现出永久魅力和时代风采"。志愿者开展志愿服务,不仅是一次次救援行动,更是一次次文化价值观的输出。维修一队支部与晴川街道铁桥社区保持密切联系,展开实地调研,着力解决居民诉求,改善社区地面沉陷、步砖破损的现状,翻新修复文化长廊,真正将下沉工作落到实处。图2为党员下沉社区开展清洁家园活动。

图2　党员下沉社区开展清洁家园活动

"点面结合",以社会道德促提升。我国社会主义道德建设经过实践探索,形成了以为人民服务为核心、集体主义为原则,加强社会公德、职业道德和家庭美德教育的价值体系,是中国特色社会主义制度的本质特征和优越性表现。志愿者不畏艰险、无私奉献,自觉把集体利益和国家利益放在首位,通过自身实际的行动来影响更多的群体,形成了一股互救互助的社会风气,让每一个小我成就大爱。这种无私奉献充分体现出社会主义道德建设的核心价值,是个体"为人民服务"的具体体现,更是群体用实际行动对志愿者精神作出的最好呼应。党员志愿者全心全意地投入到各种志愿服务当中,坚持以人民为中心,关切人民的疾呼和苦难,为人民代言和发声。这种志愿者精神不仅与中国特色社会主义共同理想高度契合,还是民族精神和时代精神有机结合的生动体现,体现了社会主义荣辱观的价值取向,更折射出了社会主义核心价值观在人们精神层面的更高要求,进一步丰富和发展了社会主义核心价值体系。

三、成效和启示

每一个战场,都需要旗帜,每一名党员都是一面旗帜,风来时旗帜招展催人奋进给人力量,风止时静静伫立带来沉稳让人坚定,号角吹响,总能看见共产党员冲锋在前、奋不顾身的模样。

作为城市建设者中的一员,维修一队始终坚守"社会尊敬的企业,员工幸福的家园"

这一愿景,履行社会责任,彰显使命担当,坚持为政府分忧,为群众解难。积极投身城市道路维修、防汛抗洪、破冰除雪、防疫抗疫等应急抢险中,践行企业的责任担当,用心用行践行使命担当,安排好城市运维各项工作,履行社会责任,弘扬主旋律、传播正能量,奋力开创城市运维工作新局面。

践行志愿者精神,聚是一团火,散是满天星。身穿红马甲、头戴小红帽的志愿者,他们真诚奉献、不辞辛劳,为他人送温暖、为社会作贡献,充分彰显了理想信念、爱心善意和责任担当,维修一队党员闻令而动、依令而行,应急抢险、防疫抗疫、清洁家园、慰问困难老人、帮扶残障家庭等志愿服务活动……一个个忙碌的身影、一个个暖心的故事,完美诠释了"奉献、友爱、互助、进步"的志愿者精神。

牢记嘱托,感恩奋进。一个党员就是群众中的"一面旗"。不忘初心,牢记使命,维修一队党员们充分发扬党员先锋模范带头作用,永葆党员本色,坚守为民初心,牢记复兴使命,充分发挥战斗堡垒和先锋模范作用,确保中央、省、市和区的重要决策部署落到实处,用朴实劳动丰盈时代的活力,用辛勤的汗水浇筑城市的生长。

天风证券"四个融入"党建工作法，引领金融企业高质量发展

党的十八大以来，以习近平同志为核心的党中央高度重视社会主义文化建设。新时代党的建设总要求，为证券行业以党建引领高质量发展与文化建设明确了目标和方向。天风证券总部位于武汉，是一家全国性综合性全牌照上市证券公司，其投研、债券投行、资产管理等多项业务位居行业前列。

金融是实体经济的血脉，为实体经济服务是金融企业使命所在。公司历来高度重视党建工作与企业文化建设，近年来，天风证券将党建工作融入公司治理、业务拓展、企业文化、中心大局，探索形成具有金融企业特色的"四个融入"工作法，把党建工作与服务地方大局相结合、与服务实体经济相结合、与履行社会责任相结合，让党建工作对企业高质量发展具备引领保障作用。着力把党的组织优势转化为推动企业高质量发展的优势，确保贯彻有关法律法规和党章党纪，确保企业发展与中央同心同向，为企业发展提供坚实的政治保证，助力提升企业发展活力、企业员工廉洁从业意识。

天风证券以"四个融入"党建工作法为引领，以"合规、诚信、专业、稳健"的行业文化和《证券行业文化建设十要素》为导向，结合公司二十余年的发展情况，凝练出"与客户共生共荣""以创业者为本"的价值观和由合规文化、诚信文化、勤奋文化、专业文化、开放文化和责任文化组成的"天风人共识"文化，强化文化价值观对经营管理的全方位贯穿、深层次融入，努力以良好的文化建设护航企业规范经营，增强公司高质量发展的内生动力，助推企业高质量发展。

一、案例背景

天风证券股份有限公司成立于2000年，总部位于湖北省武汉市，2018年10月在上

交所主板上市,拥有5个子公司、24个分公司、98个证券营业部,总资产过千亿,员工3000余人。公司于2008年5月成立党委,现有党员687人,下设党支部31个。近年来,公司党委将党建工作融入公司治理、业务发展、企业文化、中心大局,探索形成了"四个融入"党建工作法,党建引领企业高质量发展的效应不断凸显。

二、实施目标

(一)确保企业发展的正确方向

在企业的发展过程中,坚持正确的方向至关重要,加强党的建设是确保企业发展正确方向的根本保证。企业发展的前提是深刻理解党和国家对行业、对企业本身的要求。将党建融入公司治理,党委把控业务发展的政治方向,确保贯彻有关法律法规和党章党纪,落实落细现代企业制度和国家经济金融政策,确保企业发展与中央同心同向,保证公司行稳致远。

金融企业是"国之重器"、现代经济的核心,在国民经济和社会发展中有着重要的地位和作用。习近平总书记指出:做好新形势下金融工作,要坚持党中央对金融工作集中统一领导,确保金融改革发展正确方向,确保国家金融安全。金融企业要长远发展,必须坚持党的领导,思想与党的要求保持一致,成为党和国家最可信赖的依靠力量。

(二)提供企业(公司)发展的坚实政治保证

"历史是最好的教科书。"百年来,中国共产党带领人民创业的历史,实际上就是一部不懈奋斗史、自身建设史,涵盖了方方面面,涉及各阶层各环节各领域。百年党史中蕴藏着推动事业成功的密码和激励奋进的智慧和力量,从而为金融企业发展提供了强大思想基础和力量源泉。天风证券"四个融入"党建工作法,旨在把党的政治优势、组织优势和群众工作优势转化为企业的创新优势和发展优势,致力于为公司发展提供坚实的政治保证。

(三)助力抓牢关键生产要素,提升企业发展活力

企业的发展离不开人,人才是企业发展的关键生产要素。党建能够有效地挖掘人

才、培养人才、凝聚人才。一方面,党组织是企业最大的人才库,党员具有明显的先进性和纯洁性优势,是企业最可靠的人才。另一方面,把党建与人才培养相融合,在人才工作中实施"把党员培养成高管,把高管培养成党员"的"双培"工程,在成就员工个人的同时,企业得到了快速发展。

党建做细了就是凝聚力。新中国资本市场建立只有33年,证券行业在我国是一个年轻行业。与其他行业相比,证券行业周期性强,人员流动性大、归属感弱、价值取向更加多元化。长期以来,证券行业重业务轻党建、重眼前轻长远、重经济激励轻精神文化等问题均不同程度地存在着。在企业管理中,存在这样一个现象,即经济激励到了一定程度,效率反而降低,这是因为在获得了一定的物质满足后,人们往往会追求精神层面的满足。以党建工作为抓手,通过载体丰富、贴近员工心理需求的党群活动,可获得精神世界的满足,有效凝聚人心、提振士气、挖掘潜力,为企业发展提供源源不断的强劲驱动力。

(四)提升企业员工廉洁从业意识

金融行业是跟财富打交道的高风险特殊行业,同时也是充满诱惑的行业,一念之差就可能导致严重的后果。如何防止金融腐败,提升廉洁从业意识,是金融机构的基础和核心功课。一方面,加强党的思想政治建设,可以帮助从业者树立正确的价值观,提升廉洁从业意识;另一方面,通过推进党风廉政建设、清廉金融文化建设,落实纪检监督责任,能做到预防腐败与深化治理同步推进。以"党建"为引领是将清廉金融文化融入自身企业文化、合规文化,加强员工的廉洁从业意识的重要举措。

(五)助推企业高质量发展

金融机构高度重视党建,是行业属性决定的,是企业发展的内生性需求。企业发展的方向盘需要有健康的把控。党和国家的路线、方针、政策是企业发展的最大机遇。以党的方向为方向,企业的发展才能行稳致远。学深悟透党的方针政策,有助于企业分清机遇和红线,使企业经营发展更加符合党的产业政策要求,保障企业健康可持续发展。加强党的建设是证券行业发展的"根"和"魂",有助于充分发挥党的领导和公司治理双重优势,不断推动党建与业务深度融合,将党建优势切实转化为发展优势、竞争优势、创新优势,助推企业高质量发展。

三、实施路径

近年来,天风证券党委坚持以习近平新时代中国特色社会主义思想为指导,结合金融企业实际,秉持"实现国人财富梦想,助推实体经济发展,党建引领为社会创造价值"理念,围绕"四个融入"党建工作法,结合公司发展战略和经营管理实际开展党建工作,把党的政治优势、组织优势和群众工作优势转化为公司的创新优势和发展优势。

(一)融入公司治理,党的领导和公司治理有机统一

公司党委坚持将党建工作与公司治理深度融合,让党建工作引领在前、内嵌其中,确保党的领导贯彻到底、落到实处。

一是加强顶层设计,确保有为有位。坚持党委班子成员与公司管理层"双向进入、交叉任职",9名党委班子成员中有8名高级管理人员(其中3名为董事会成员)。公司17名高管,有12名党员,占比70%。建立党委参与企业战略决策、干部选派任用、员工激励考核、部门评先评优、公司经营管理等"五个参与"机制,制定党委会、董事会、总裁办公会议事清单,明确党委会重点研究原则性、方向性、全局性重大问题,确保企业发展与党的路线方针政策共同发力、同向而行。

二是加强过程管理,构建工作闭环。将党建工作目标纳入年度经营发展目标,年初逐级制定党建目标责任书,在公司战略会上与生产经营目标一同部署;年中一并研判调度进展情况,定期查漏补缺、解决难题;年底开展党组织书记抓基层党建工作述职评议,将考核评议结果按20%权重与党组织书记收入直接挂钩,力求环环相扣、步步衔接。

三是加强工作保障,配强骨干队伍。设置党委办公室、纪委办公室2个一级部门和组织部、宣传部、社会责任与群团工作部、纪检监察部4个二级部门。选聘20名专职党务工作者,充实党建工作骨干队伍。积极对接辖区组织部门,从武昌区纪检、组织、宣传、群团等部门引进4名优秀年轻干部,分别在公司党委组织、宣传等部门跟岗学习,指导日常党建工作,打造专业稳定、心无旁骛工作的队伍。

图1所示为全国特级人民警察刘五桥为天风证券的党员上党课。

(二)融入业务拓展,在业务拓展中织密建强党的组织体系

党的全面领导、党的全部工作要靠党的坚强组织体系去实现。天风证券党委树立

图 1　全国特级人民警察刘五桥为党员上党课

抓基层、强基础、固基本的工作理念,着力推动党的组织和党的工作向基层延伸覆盖,为公司发展壮大保驾护航。

图 2 为天风证券党委在业内率先发布的年度党建报告封面。

图 2　率先发布年度党建报告

一是组织覆盖与业务拓展同步到位。坚持业务发展到哪里,党的组织和工作就跟进到哪里,把党建工作向分支机构、业务板块、项目团队延伸,初步建立"总部党委—基层单位党支部"组织体系,同步设立工会、青年、妇女组织。目前,总部党委共下设 31 个党支部,实现党的组织全覆盖。

二是"存量做实"与"增量做优"同步实施。与"口袋党员"一对一谈心,讲清制度规定,制订解决方案,及时帮助100余名流动党员转接组织关系。实施"把业务骨干培养成党员,把党员培养成业务骨干,把党员业务骨干培养成中层管理者,推荐优秀党员中层管理者进入决策层"的"三培一推"机制。近3年来,59名员工递交入党申请书,发展党员32名,其中业务骨干22名。

三是载体创新与典型培育同步推进。将服务脱贫攻坚和乡村振兴、上市后首次配股、科创板企业IPO、上线资管量化MOM交易平台等急难任务作为激励党员的"磨刀石",设立20余个"党员责任区"、50余个"党员示范岗",让党员在吃劲岗位当表率、克难关、展风采。注重典型引领,每年表彰10个优秀党支部、50名优秀党员、10名优秀党务工作者,让先进典型"靓"起来,争先氛围"浓"起来,引领力量"强"起来,拉得出、顶得上、打得赢的奋进精神在企业内部蔚然成风。

(三)融入企业文化,把员工紧紧团结凝聚在党组织的周围

天风证券员工平均年龄32岁,硕士研究生及以上学历占比40%,集聚了一批高知识年轻群体、高技能研发人才、高层次管理精英。公司党委认为,只有秉持"以创业者为本"理念,把党建工作融入教育管理、关心关爱、成长激励之中,才能成风化人、润物无声。

一是扎实教育提素质。推行"高管带头学、支部集中学、党员自主学、线上线下相结合"的"三学两结合"学习法,在微信公众号、OA系统中开设党史学习、"微党课"等功能,实现全员上线学习。将习近平新时代中国特色社会主义思想作为学习培训的首课、主课、必修课,以党史学习教育、"不忘初心、牢记使命"主题教育等为契机,策划主办大型情景音乐歌舞《年轮》,连续3年组织党员赴湖南长沙、湖南韶山、浙江嘉兴等地红色教育基地学习。如图3、图4所示。

图3 庆建党百年礼赞盒,发放给公司所有党员

图 4　主办庆祝建党百年大型情景歌舞《年轮》

二是强化激励助成长。在利益分配上，明确"客户—员工—股东"分配顺序，坚持员工比股东优先分享企业发展成果；在员工成长上，实施"星云"人才培养计划，针对员工个人成长、业务提升、管理经验等"痛点"需求，创建"星·E学"线上学习平台，培训覆盖率100%。

三是宽严并举聚人心。将为人民服务的根本宗旨融入金融机构"合规、诚信、专业、稳健"执业操守；党内监督与法人监督有机融合，构建纪检监察部、合规法律部、投行内核部、稽核审计部、财务中心、人力资源部、道德委员会等职能部门信息共享、协同配合的监督体系；增强员工识别风险能力，营造廉洁从业良好环境；以"天风日""读书日""恳谈日"等活动为载体，帮助员工协调解决人才政策、子女入学等实际困难，让员工感受到党组织就在身边。

（四）融入中心大局，探索党组织和党员作用发挥的有效途径

金融是现代经济的核心、实体经济的血脉、资源配置的枢纽，为实体经济服务是金融企业使命所在。作为武汉本土券商，公司党委深切感受到，发挥党组织和党员作用，关键要立足服务和融入新发展格局，与服务地方大局相结合、与服务实体经济相结合、与履行社会责任相结合。例如，在2021年5月，公司党委就组织了以"学党史守初心"为主题的投资者教育活动（图5）。

一是把党旗擎在金融服务发展的最前沿。公司党委牵头为地方企业提供融资服务，推进债券发行与承销等业务，截至2022年累计融资已逾千亿元。举办资本市场年度策略会，邀请1200余名公司高管、行业专家、专业机构投资者，服务于武汉上市企业倍增

图5　2021年5月,"学党史守初心"投资者教育活动

计划。率先倡导设立绿色证券委员会,打造国内首家绿色金融国际研究院,推动设立绿色产业基金,近3年通过发行绿色债券、ABS融资、上市融资、并购重组等方式,为环保企业融资165亿元,助力实现碳达峰、碳中和,服务建设生态文明。

二是把堡垒筑在乡村振兴第一线。组织30余名党员业务骨干赴国家级脱贫县房县,成立证券行业首个"党建引领乡村振兴工作站",推出金融支持产品,在当地组织资本市场专项培训30余场,参与协助5家企业在武汉股权交易所挂牌,连续三次入选原国务院扶贫办"全国企业扶贫优秀案例"。如图6所示。

图6　助力乡村振兴,刚刚采下的茶叶被天风证券结对帮扶企业收购,茶农脸上露出了笑容

三是把党徽擦亮在抗击疫情特殊战场上。面对突如其来的新冠疫情,公司党委组建以党员为主的200人志愿服务队,为117家医疗机构捐赠209万件紧缺物资,为近7000名滞汉人员、福利院老人捐赠生活物品,联合伙伴企业累计捐款捐物8000余万元。

四、实施成效

天风证券通过"四个融入",公司治理结构更优、企业文化活力更足、业务发展动力更强、服务大局口碑更佳。近年来,公司注册资本、净资本、净资产均大幅增长,投研、债券投行、资产管理等多项业务排名行业前列,连续多年在中国证监会证券公司分类中被评为A级。天风证券党委"四个融入"党建工作法获得社会各界广泛关注。武汉市委机关报《长江日报》专版刊发"四个融入"工作法(图7),学习强国、人民网、新华网、《湖北日报》、湖北电视台等对天风证券党建工作进行了报道,总阅读量3000万人次。公司党建引领扶贫工作曾连续三次入选原国务院扶贫办"全国企业扶贫优秀案例",公司党委书记获"湖北省脱贫攻坚先进个人";公司党员抗疫志愿服务队助力抗击疫情获评民政部"中华慈善奖",有关的党员同志获评中宣部"全国疫情防控最美志愿者";天风证券党委获评武汉市"五星级基层党组织"。

图7 2021年7月,武汉市委机关报《长江日报》专版刊发天风证券"四个融入"工作法

五、主要经验

天风证券作为混合所有制上市券商,公司党委的做法,为加强新时代金融企业党建工作提供了有益借鉴和启示。

第一,紧扣中心大局抓党建。金融是国家重要的核心竞争力,抓好金融企业党建工作,必须认清大局、研究大局、服务大局,找准关键点、切入点、着力点,以党建赋能企业发展,以企业发展促进全局发展,做到既为一域增光,更为全局添彩。

第二,聚焦员工特点抓党建。党建工作是做人的工作,抓好金融企业党建工作,必须结合企业员工特征,聚焦痛点难点,强化求解思维,在培训提能、收益分配、个人成长等方面察实情、出实招、求实效,激发员工的政治认同、思想认同、情感认同。

第三,强化系统思维抓党建。金融企业监管制度严、市场导向强、营业网点多,因而抓好金融企业党建工作要求:宏观上,从制度设计入手,将党的领导融入治理架构;微观上,坚持业务拓展与组织建设齐头并进。唯有如此,党建工作才更富生命力。

克难在堡垒，担当在项目

中德华建工程技术集团有限公司(简称：中德华建)位于武汉经济技术开发区武汉设计广场1号楼，办公面积3000平方米，是一家项目全生命周期服务供应商。具备30余项专业资信及资质，获得了"国家高新技术企业""专精特新企业""科技创新型企业"认定。中德华建创立于2004年，在仅有3名党员的情况下于2005年5月成立了第一届党支部，经过18年的发展，集团现有员工近1100人，2022年1月29日升格为党委。党委下设三个党支部，在职党员94人。

中德华建工程技术集团有限公司党委按照上级党委要求，认真贯彻新时代党的组织路线，积极探索非公有制企业党组织开展党建工作的方法路径，坚持开展"学党史、守初心、担使命"主题教育，以党建引领凝聚合力，近年来坚决贯彻党中央"疫情要防住、经济要稳住、发展要安全"的部署，全力以赴促进企业发展，多次获得金区金市先进基层党组织、五星级基层党组织称号。

在长期的工程咨询、监理、全咨等工作中，由于项目分布于湖北省全省多个地方，为确保党员组织生活规范、方便开展，中德华建根据项目实际，探索临时党支部工作路径，抓重点、彰显新时代的先锋力量。

东风云峰项目位于武汉经济技术开发区军山新城凤凰工业园，在中德华建总部办公楼30公里开外，项目组有3名党员。猛士汽车科技公司(东风猛士科技)的地址为武汉经济技术开发区珠山湖大道663号，距中德华建总部办公楼20公里，项目组有7名党员。为方便党员规范及时地过组织生活、时刻牢记自己是一名共产党员，项目组成立了两个临时党支部。临时党支部带领党员把组织生活过在工地上，把聪明才智贡献在项目上，团结聚力、先锋为本，为客户创造了价值，为企业赢得了荣誉。

一、案例背景

东风猛士科技和东风云峰是湖北省重点工程和东风公司"十四五"重点项目,担负着"东方风起·跃迁行动"的重任,投资额均接近百亿。中德华建成为这两个项目的服务供应商后,面临的形势是:项目重大,时间紧,任务重,责任大,人手不充裕。为了能够高质量完成重点项目,续写中德华建行业美誉,中德华建党委成立了东风云峰项目临时党支部和东风猛士科技"工业化技术援助"项目临时党支部。把支部建在项目上,成为战斗堡垒;把党员放到创新舞台上,为开发区二次创业发光发热,让党旗高高飘扬在重点项目的工地上。

"二次创业,先锋有我",乐为乡村振兴贡献智慧方案。2020年武汉获批建设全国第五个、华中地区唯一一个国家现代农业产业科技创新中心,明确"一核两翼一芯两园多基地"的总体发展布局。其中,"一芯"便是位于武汉经开区的汉南现代种业小镇。

2022年1月10日,中德华建党委书记、武汉市政协委员汪建新在市政协十四届一次会议上履行职责,做了《关于加快"种都"建设推动现代农业发展的提案》并获大会通过。

二、实施目标

为客户创造价值、为企业赢得荣誉、为振兴乡村贡献全部。

东风云峰项目临时党支部的目标任务:带领项目组全体成员对四大车间、道路外网、动力外网、消防、风灾修复等核心重难点项目开展造价咨询工作;按照公正公平、依法合规、独立客观的原则,获得各方满意;党员要干在前,干在先,综合表现优于其他成员。

东风猛士科技"工业化技术援助"项目临时党支部的目标任务:带领项目组全体成员对保证甲方进度的质量、安全、投资等进行管理;在业主与施工方中间发挥良好的沟通桥梁作用,确保项目保质保量完成;党员要干在前,干在先,综合表现优于其他成员。

三、实践路径

关键时刻站得出,危急关头豁得出。

(1)2021年5月14日,武汉市蔡甸区突发龙卷风,日产武汉云峰工厂遭受重大打击,现场一片狼藉,各种精密设备急需抢救。接到委托后,党员刘想带领造价四团队对灾后重建项目提供了预结算审核服务及全过程跟踪审计服务。团队7名党员在书记刘想带领下和其他员工拧成一股绳,无条件配合跟随业主财务、基建项目小组深入项目现场,对业主发起的每一项抢险工程第一时间不计成本,牺牲个人休息时间进行询价、议价、定价,用了近50天时间(正常完成时间需60天以上)将风灾48个基建项目合理定价全部完成,为后期工作赢得了宝贵时间。确保了现场施工工地的及时抢修,获得了业主方财务及采购部门的特别肯定,称他们为危急关头豁得出的战斗堡垒。

(2)中德华建2022年6月获得东风猛士科技"工业化技术援助"项目后,在临时党支部的带领下,3名党员、4名技术骨干全力以赴扎根现场,以管理流程、质量控制、安全检查为重点展开工作。截至2022年10月13日,现场巡查检查了总装、焊装、涂装三大车间质量问题90个,整改闭环57个;试车跑道12个,全部整改完毕。由于项目难度大、时间紧,为确保工程高质量按期完工,早日为客户东风公司试生产创造条件抢占市场,项目组人员放弃了"中秋节""国庆节"休息时间,同现场所有的施工人员一道不停歇,项目如火如荼地进行着。与此同时,项目组人员站在客户角度,对部分难以决策的问题给出了专业意见。例如,对于现场路面结构是采用水泥稳定碎石基层加沥青面层,还是混凝土基层加沥青面层的问题,项目组建议采用混凝土基层加沥青面层的方式。混凝土铺设后厂区内道路可以提前一个月供厂区车辆行驶,待厂区建设完成后在混凝土面层加铺沥青。这种方式又安全又方便施工,既加快了施工进度又避免了沥青面层过早使用而被建设期重型车辆碾压损坏情况的发生。最终,意见被业主采纳,为客户提升了价值。

(3)中德华建组成了以汪建新挂帅的研究团队,积极分子陈龙带领团队组织编写了《汉南现代种业小镇特色产业发展实施方案》,成功获批省级农村产业融合发展示范园,为实现区域经济发展提供了科学依据,为武汉经开区农业产业项目建设及乡村振兴成果转化提供了有力支撑。

根据农村区域一、二、三产业融合发展的要求,项目团队从项目策划与规划入手,根据地域特色,包装经营性及公益性项目,从多种途径筹集项目资金,其中包括PPP模式、政府专项债券、政策性银行金融工具、中央/省级预算内投资补助等。目前筹划的项目包括田园综合体、农产品深加工中心、植物工厂、冷链物流基地、高标准粮仓、农业试验田、农贸市场(电商中心)、农旅融合生态园、研学观光中心等基于种业"一芯"为核心的县域经济发展园区。为提高地区农村产业融合程度、助力乡村振兴发展提供战略性、实效性的咨询成果。

四、实施成效

(1)2022年8月,东风云峰项目团队在东风汽车集团股份有限公司乘用车扩建项目

(云峰项目)总结表彰大会上荣获"抗疫救灾特别奖"。如图1所示。

图1 项目组获奖

(2)猛士科技"工业化技术援助"项目团队提出的一条建议,为业主节约近一个月的工期。同时,这个项目也是行业项目管理的创新,他们率先试水,根据项目情况编制了项目管理手册,明确质量风险点,进行质量预控。截至2022年共编制管理办法4册,质量控制要点6册,为以后同类项目的开展积累了宝贵的第一手资料。如图2所示。

五、工作内容

(一)质量管理办法

1、进场后即根据项目情况编制了项目管理手册,明确质量风险点,进行质量预控;截止目前共编制管理办法共4册,质量控制要点6册,具体为:

序号	管理办法文件
1	项目管理流程及规定
2	项目质量管理办法
3	项目风险管理实施办法
4	项目屋面防水管控要点

序号	质量控制要点文件
1	地脚螺栓控制要求
2	钢结构安装质量通病及防治措施
3	钢结构钢柱安装检查要点
4	钢结构网架安装检查要点
5	檩条检查要点
6	屋面工程检查要点

2、编制各工序检验批检查表,按工序表逐项检查,发现问题及时通知施工单位进行整改,目前共编制工序检查表11份具体为:

序号	管理检查文件
1	工程管理检查表--基础部分
2	工程管理检查表--主体工程
3	工程管理检查表--二次结构
4	工程管理检查表-钢结构工程
5	工程管理检查表--装饰装修
6	工程管理检查表--给排水及消防
7	工程管理检查表--电气工程
8	工程管理检查表--市政工程
9	工程管理检查表--防水工程
10	工程管理检查表--门窗工程
11	工程管理检查表--安全文明施工

图2 猛士科技项目组编制的具体内容

(3)《汉南现代种业小镇特色产业发展实施方案》成果突出,汉南现代种业小镇特色产业成功获批省级农村产业融合发展示范园。

五、主要经验

(1)坚强有力的党支部是基层组织的战胜困难的法宝之一。上述三个重点项目印证了这一点。

(2)先锋的力量是战胜困难的强大精神动力。项目临时党支部的设立方便了党员过正常的组织生活,而规范的组织生活是督促党员学习更刻苦、工作更努力、行为更廉洁的内在动力,先锋力量团结在一起,可以排除艰难险阻,去争取更大的胜利。

"四服务一提升",推动大健康产业高质量发展

一、案例背景

光谷生物城位于武汉东湖国家自主创新示范区,是中国以"千亿产业思路建设的第二个国家级产业基地"。经过10多年建设发展,光谷生物城在一片荒土上建成"国内一流、世界知名"的生物产业集群,汇聚了8家世界五百强企业、56家上市公司(计有147家中小企业登陆多层次资本市场),2400多家企业(6万多名员工)入驻,园区创新能力全国第一,综合实力位列全国第四。

中国特色社会主义进入新时代以来,光谷生物城党建工作体制机制、方法方式紧跟企业发展形式并不断创新,在企业攻坚克难、转型升级、承担社会责任中,不可替代的政治引领作用得到充分发挥。

10多年来,光谷生物城综合党委贯彻习近平总书记考察光谷重要讲话精神,运用主题教育成果,始终秉承"园区企业集聚,培育市场主体;建设人才平台,打造创新体系;资本专业服务,完善产业支撑"理念,创新提出并着力深化"服务企业开创新局面、服务职工增强新活力,服务人才落实新举措、服务党员发挥新能量,提升党组织的组织力"的"四服务一提升"工作法,强化党组织在企业中的思想引领、组织引领和工作引领。党建创新理念和产业创新发展深度融合,为生物城建设注入核心动力,实现党建与园区发展的互动共赢,助推生物产业快速发展的大格局。

光谷生物城每年涌现出众多先进基层党组织、优秀共产党员和优秀党务工作者,有力推动了生物城企业实现高质量发展。特别是在抗击新冠疫情的斗争中,生物城企业大批党组织和党员冲锋在前、坚守一线,为武汉和全国的战"疫"胜利、为守护人民生命健

康作出了巨大贡献,成为湖北省"两新"组织基层党建工作的一支标杆。对光谷生物城的企业党建工作进行理论分析和实践梳理,继而总结其中蕴含的经验,对推动光谷生物城今后企业党建工作具有重要意义。

二、实施目标

光谷生物城是武汉东湖高新区生物医药类企业高度集聚的创新区,是国家生物产业创新发展的排头兵。规划面积30平方公里,按生物产业细分领域的不同特点,规划建设了生物创新园、生物医药园、生物农业园、医疗器械园、医学健康园和国际生命健康园等6个专业园区。经过10多年建设发展,产业园区经济贡献年均增长36%以上。

生物城综合党委贯彻习近平总书记考察光谷的重要讲话精神,运用主题教育成果,始终秉持"园区企业集聚,培育市场主体;建设人才平台,打造创新体系;资本专业服务,完善产业支撑"理念,创新提出并着力深化"服务党员建立新机制、服务人才落实新举措、服务职工增强新活力、服务企业开创新局面,提升党组织的组织力"的"四服务一提升"工作法,强化党组织在企业中的思想引领、组织引领和工作引领,为生物城建设注入核心动力。党建创新理念和园区创新发展深度融合,实现党建与园区发展的互动共赢,助推生物产业快速发展的大格局。

(一)构筑三个体系,夯实党建基础

一是完善组织体系。按照"应建尽建、巩固提升、逐步规范"的思路,以综合党委管理为主、分园区党总支管理为辅的"双重管理"原则,持续推进党的组织和工作的全覆盖。在综合党委指导下,现有党组织220个,形成企业党委、党总支、基层党支部的三级党建体系,拥有共产党员2288名,园区党建工作的向心力不断聚合。

二是优化服务体系。做好服务是持续发展的永恒主题,综合党委广泛动员各方力量,发挥专业优势,动员园区有影响的志愿者组建"四色服务队"。以"服务"贯穿始终,聚人心、促发展,借助4支队伍具体落实"四服务一提升"党建理念。

以党组织书记为引领组建"红色服务队",讲党课、强化学习教育;强化党员队伍建设,提升党组织的组织力,培育可依靠的"红色头雁"。按照"职工信得过、服务有本事、管理有办法"的要求,选优配强基层党组织书记。通过"书记抓党建述职会""两新组织书记培训班"等活动,加大基层党组织书记履职尽责管理力度,充分发挥党员骨干引领作用。

激活有作为的"红色细胞"。坚持以党建带群建,落实党员轮训计划,力争做到"关键

岗位有党员,困难面前有党员",积极拓展党员发挥作用的渠道。以博士志愿者为依托组建"蓝色服务队",发挥科技优势,提供专业技术咨询服务。以楼栋网格员为纽带组建"绿色服务队",提供咨询和代办服务,密切党群关系。以组织专员为旗帜组建"橙色服务队",为高端人才和企业提供服务,助力园区发展。组织开展志愿服务和文明创建活动,发挥奉献社会、弘扬正气的作用,充分调动了党员、职工的积极性,实现了园区党建工作全覆盖。

通过多种志愿者活动,广大志愿者成为攻坚克难的突击队、联系群众的服务队、落实政策的宣传队,体现出强大的吸引力、感染力、影响力、生命力。广大志愿者不断增强责任意识、激发担当精神,以切合实际的方式落实生物城综合党委提出的任务。志愿者平时看得出来,关键时刻站得出来,他们把奉献精神作为一种工作习惯,把志愿精神传导给群众,形成榜样、彰显自信。"四色服务队"是光谷生物城综合党委培育的"关键少数",在重要时刻能以身作则、从我做起,发挥了志愿者奉献社会、弘扬正气的作用。

"四色服务队"核心在于加强综合党委领导,基础在于加强组织、凝心聚力,关键在于丰富"四服务一提升"理念内容。把思想政治建设、作风建设抓紧抓好,落实党建积分制,成为推进两新组织党建工作不断发展的有益尝试。

三是绩效评价体系。按照"企业需要、党员欢迎、职工拥护"的原则,打造功能齐全的公共服务平台,为党建、工会、群团、科协、侨联、民主党派等团体提供服务,实现企业、职工办事不出园区的目标,得到广大职工高度认可。

综合党委2013年获评"全省先进基层党组织",2016年获评全市"五星级党组织";2017年荣获东湖高新区基层党建创新项目优秀成果奖一等奖。几年来,生物城一大批基层党组织获得湖北省委、武汉市委、高新区党工委的各种表彰。

(二)落实三张清单,提升服务水平

一是坚持问题导向,"线上+线下"问需求。在一个时期内多渠道收集需求,党建专员利用平时走访支部的机会,直接面向基层了解困点难点。线上通过智慧党建平台上设立调查问卷悬窗,开设微心愿、书记信箱、论坛三个板块,在线实时收集企业和职工的诉求。线上线下相结合,充分摸清企业与职工需求,梳理汇总形成"需求清单"。

二是坚持资源共享,由"单兵作战"向各基层党组织"互联互通"转变。利用四色服务队、党建指导员、党建网格员组成强有力的服务队伍,依托"333会""生物创赢汇""企业家交流座谈会"等平台,精准实现项目服务内容。整合技术等各类资源,互融共通、优势互补,推动各基层党组织协同发展。综合党委指定专人负责,主动为企业寻找解决方案形成"资源清单"。

三是通过"征集需求—整合意见—讨论协商—确定项目"程序,光谷生物城综合党委、分园区党总支、企业党支部三个层面联动,同步推动需求与资源对接,以完成项目的形式解决困难,及时高效解决问题,公示审核无误后逐条销号即完成"项目清单"。

需求是动态的,资源与项目也会根据实际情况不断调整,真正做到"企有所呼,我必有应"。光谷生物城循环往复,以"三张清单"工作机制为载体,努力提升服务水平,切实解决企业与职工的困难,持续提高党组织的影响力,不断聚合园区党建工作的向心力,认真落实服务,排忧解难到位,为企业发展提供服务保障。

截至2022年9月底,光谷生物城三季度共列出需求134项,挖掘资源103项,通过需求和资源对接形成项目165项。

(三)服务企业,助推企业蜕变为行业先锋

针对企业提出的需求,结合"三张清单",主动为企业找寻相应资源,推动需求与资源对接,以开展项目的形式解决困难,不断聚合园区党建工作的向心力,助推企业发展。

为让服务工作更加精细化,综合党委协调分园区管理公司、物业公司、餐厅对园区实行24小时的保姆式服务,生活配套同步推进,园区免费无线网覆盖,公共食堂、超市、体育馆、人才公寓、商业街、金融中心等生活设施日趋完善。专设"智慧家园App'红色物业'板块",涵盖安保服务、清洁服务、会议服务、工程服务,职工可通过手机找到服务指南。通过实施"红色物业"主题实践,持续深化园区、物业、企业"三方联动"机制,探索物业服务融入基层社会治理的新路径,从而满足了职工需求,增强了党组织在企业的政治影响力。光谷生物城在10多年时间里有56家公司上市(还有147家中小企业登陆多层次资本市场),一批中小企业迅速成长,成为各自领域的排头兵。

(四)服务职工,建立职工综合服务体系

生物城网站上开辟"党建与职工"专栏,建立职工服务中心微信公众号、QQ交流平台等,创建职工综合服务体系,系统化制定"三张清单",强化与职工的思想交流,随时掌握职工的思想动态、工作情况,全方位解决职工群众在工作、生活中的困难。畅通职工群众与企业管理层、党组织的沟通渠道,帮助企业稳定职工队伍。针对园区青年职工多的特点,综合党委以党建带群建为工作重心,不断整合优化资源,每年评选优秀职工、劳动模范,营造"比学赶超"的良好氛围;举办丰富多彩的、党员职工喜闻乐见的各类活动,定期举办植树节、企业足球联赛、职工技能竞赛、职工运动会、相亲交友会等,做到"月月有活动,季季有安排,年年有比赛",形成了"处处有党员,凡事有组织"的温暖氛围,真正实现"创新工作、快乐生活",增强党员、职工的幸福感与归属感。

(五)服务人才,营造人才发展良好环境

生物城引进了包括 27 位两院院士、28 名国家"千人计划"人才、67 名湖北省"百人计划"人才、19 个武汉市城市合伙人在内的 537 名海内外高层次生物人才,占东湖高新区五大产业"3551"人才引进总数的 38.4%,其中具有海外留学背景的超过 80%。这样的高层次人才团队带来了具有国际水平的项目、理念和视野。

搭建"333 会""生物创赢汇"平台,"光谷生物城 3551 人才工作示范点"挂牌,建立光谷生物城"创新创业基地"、成立东湖高新区侨联光谷生物城分会等,创新服务方式、开拓服务平台,让创新创业人才迈上新台阶,让更多优秀人才集聚生物城。

"武汉华大基因科技有限公司"是世界级基因产业生产中心,全球当之无愧的基因组学领军机构,公司十分重视人才培养。综合党委以服务人才为突破口,在政策、工作、荣誉等方面关心公司人才成长,指导公司开展党建工作。比如,推荐公司总经理杨爽入选高新区第六批"3551"光谷人才计划,公司副总牟峰入选武汉市第一批"黄鹤英才"人才计划。配合东湖高新区组织部,在省政府支持下,专门为当年 29 岁、仅有本科学历的技术总监徐建召开正高级职称评审会,解决了青年人才评审高级职称的难题。公司高层非常感动地称:"在湖北省外、在过去是不可能的事,在光谷生物城就办到了。"公司从一个十几名党员的支部"裂变"为 138 名党员的党委。

光谷生物城综合党委服务人才工作的知名度和影响力不断扩大,在培养选拔优秀人才方面拓宽思路、创新举措,让优秀人才脱颖而出,形成强大的正向激励作用。2022年 7 月 27 日,东湖高新区启动建设人才发展先行示范区,配套 7 项人才创新举措。依循人才成长和科技创新规律,推动人才制度和机制迭代升级,努力营造利于科技创新的体制机制和工作生活环境。发布了"人才 11 条"和"实施办法",将持续了 12 年的光谷人才工程带入"3.0 时代"。在全国首创"人才注册制",对顶尖科学家最高无偿资助 1 亿元,设立光谷合伙人投资引导基金,开展"双百"光谷产业教授行动,设立中国光谷奖学金,组建光谷人才集团。这些重磅人才举措鼓励人才磨砺锻炼,不断提升国际视野、战略思维、创新精神和专业能力。

(六)服务党员,搭建立体式党员教育管理平台

结合园区建设大步迈进、企业集聚突飞猛进的实际,综合党委明确以服务为切入点,以上述党员、职工、人才、企业等 4 类工作对象为重点,线上线下同步开展党建工作。共产党员充满创新创业激情,党组织成为引领园区快速发展的旗帜。2015 年生物城综

合党委打造的"智慧党建"和"微信公众号"服务平台上线,用手机进入网页便可网上交纳党费、参加公益活动、参加网上党校模拟考试,网上还有书记信箱、党员直播等,让分散于各个企业的党员之间的交流像刷朋友圈一样自然,由此进一步增强党员对党组织、对园区的归属感。

线下大力推进党的组织覆盖,建设党员职工服务中心,开设知识氧吧、心灵氧吧、健康氧吧等,为园区广大党员群众提供办事学习、沟通交流的平台;搭建以园区综合党委为核心、分园区党总支为节点、企业党支部为基础的三级党建体系架构,做到有党员的地方就有党的组织。基层党组织书记中,董事长、总经理、首席科学家、部门负责人有117名,党组织形成红色效应覆盖到各类群体,做到党的工作全覆盖,推动了光谷生物城的建设和发展。

智慧党建服务平台实现了党务管理扁平化、党内沟通即时化、园区服务便捷化、党员交流多样化的目标。中组部、中宣部主办的《企业党建参考报》对此作了专题报道,《湖北组工信息》以"光谷生物城依托'互联网+'激发党建新活力"为题,总结推广了生物城智慧党建工作经验。《湖北日报》《长江日报》做了专题报道。2018年《光明日报》张政主编亲自安排东湖高新区在北京与光明日报社签署党建共建合作备忘录,双方将通过党建融合、党委共建为统领的系列深度合作,进一步推动双方业务和管理能力的提升,为基层党的建设尤其是"两新"党建探索和积累有益经验。

立体式党员教育管理平台强化了党员队伍建设,提升了党的组织力,培育了可依靠的"红色头雁"。按照"职工信得过、服务有本事、管理有办法"的要求,选优配强基层党组织书记。通过"书记抓党建述职会""两新组织书记培训班"等活动,加大基层党组织书记履职尽责管理力度,充分发挥党员骨干引领作用。

激活有作为的"红色细胞"。坚持以党建带群建,发展园区党员总量,落实党员轮训计划,力争做到"关键岗位有党员,困难面前有党员",积极拓展党员发挥作用的渠道。

构建区域化党建综合保障系统。出台《东湖高新区关于进一步加强"两新"组织党的建设实施意见》,加强"两新"党组织建设政策保障。每年列支500多万"两新"组织党建专项预算,对非公企业交纳党费给予全额返还。结合"两新"党组织建设和书记履职实际,给予基层党组织的书记和党务工作者相关补贴。设置党建创新项目奖,对获奖项目分别给予相应资金奖励;构建考核机制,激励担当作为;高新区支持园区综合党委结合园区实际,创新开展党建活动。

各基层党组织认真传达党的方针政策、任务要求,动员广大党员坚决完成党组织交给的工作,落实党建积分制。如,武汉友芝友医疗科技股份有限公司十分重视加强党建工作和优秀党员的培养,促进党建工作与经营工作双发展。特别是蔡从利博士从美国归国到武汉,组建研发团队,同时亲自担任党支部书记,与党员和研发人员一道,研发生产出我国第一台用于临床检测的循环肿瘤细胞分离染色分析仪,为实时检测肿瘤患者病情提供了新方法,现已在全国150家大中医院广泛使用。

党建工作经过几年不懈努力,基层党组织政治生活日趋完善,日渐提升。书记抓党建主责意识加强,真正把忠诚担当、党风廉政抓在日常、落在经常;把党的组织优势转化为发展优势,不断培养一大批党员先锋示范岗,培养一大批党员骨干成为企业管理层,基层党建出现新的亮点。

光谷生物城综合党委创建并着力实践深化,通过"四色服务队"具体落实"四服务一提升"党建理念、"智慧党建服务平台"创新服务方式,2015年正式运行后,获得广大党员、职工的高度认可,在2018年5月武汉市"两新"组织党建工作推进会上向全市推广,在2019年11月湖北省"两新"组织党建工作推进会上向全省推广。

2022年6月28日习近平总书记考察光谷时指出:"发挥新型举国体制优势,踔厉奋发,奋起直追,加快实现科技自立自强。""催生更多新技术新创业,开辟经济发展的新领域新赛道,形成国际竞争新优势。"

光谷生物城综合党委明确以党员、职工、人才、企业等4类工作对象为重点,线上线下同步开展党建工作。不断创新工作思路、完善工作举措,着力于基层党建阵地建设、平台创建和工作落实,有效发挥基层党组织的活力,努力提升基层党建工作水平,为企业发展提供组织保障。深入企业开展"服务进基层"活动,对接其中500家重点企业,拓宽解决困难的路径。强化党组织在企业中的思想引领,形成党建与经济互融共生,推动生物产业高质量发展。

10多年党建引领,砥砺前行,光谷生物城的人们共同见证了从一支药到一座城的精彩变幻。光谷生物城基层党建工作迎来黄金时代,站在创新再出发的历史关口,党务工作者勇担国家战略,让生物城6万名创新创业人才以新的奋进姿态全面开启建设世界光谷的新征程。

一路"红心"铸就幸福坦途
——"红帆党总支"

"志"之所向,"愿"之所在。作为湖北交投集团全资子公司的湖北交投鄂西北高速公路运营管理有限公司(以下简称"鄂西北运营公司"),目前负责十堰、襄阳区域581公里高速公路运营管理工作,沿路设置28个匝道收费站、5个综合巡检办,现有员工800余人,平均年龄33岁,是一支朝气蓬勃、向上进取、勇于担当的活力团队。

一、案例背景

自2015年10月成立以来,鄂西北运营公司党委紧紧依托集团"交融天下、投以致远"核心理念,认真贯彻落实党中央关于志愿服务工作的相关要求,积极推进志愿服务规范化、常态化和品牌化,构建起机制健全、形式多样、参与广泛的志愿服务工作体系,不断凝聚广大党团员、青年员工和路段高警、路政、养护人员力量,立足新时代、展现新作为,先后创建了公司"警路企'红色联盟'"党建品牌以及"红帆党总支"等党建子品牌,广大干部员工聚力一处,用心用情用力唱响交投"好声音"、书写雷锋好故事,推动新时代文明实践落地生根、开花结果。

二、实施目的

全国国有企业党的建设工作会议召开以来,鄂西北运营公司第一党总支始终将习近平总书记的重要讲话精神作为党的建设的根本遵循。习近平总书记指出:要坚持服务生产经营不偏离,把提高企业效益、增强企业竞争实力、实现国有资产保值增值作为国有企业党组织工作的出发点和落脚点,以企业改革发展成果检验党组织的工作和战斗力。按照这一要求,鄂西北第一党总支以"红帆党总支"党建子品牌的创建为抓手,切实推动习近平总书记在全国国有企业党的建设工作会议上的讲话精神在集团公司走深走实,为鄂西北运营公司第一党总支标准化支部创建打下坚实基础。

三、实践路径

(一)"红心"亮"初心"

一颗红心跟党走,不负岁月守初心。自鄂西北运营公司第一党总支"红帆党总支"诞生以来,第一党总支坚持秉承公司"服务至上,幸福共享"的核心理念,始终坚守岗位、牢记初心使命,兢兢业业展现新作为,一颗红心保畅为民报党恩。

2022年,在十堰市妇联主办的"巾帼心向党·喜迎二十大"——讲好巾帼故事主题活动中,第一党总支十堰西管理所以"薪火相传守初心,芳华灼灼践使命"为题,从党史学习教育与实践融合、抗击疫情冲在前、文明服务展形象、业务主责见真彰、直播助农开新局等五个方面,讲述了鄂西北高速青年女职工用实际行动参与家乡建设、服务地方发展的创业历程。声情并茂的宣讲,让与会单位和各行业优秀代表们进一步深入了解了高速公路工作者的坚守与奉献,以及高速青年女职工谱写的"巾帼不让须眉"华美乐章,最终荣获十堰市妇联授予的"'薪火'女子服务班"称号,成为"湖北省三八红旗集体"(图1)。

长久以来,因为高速公路行业特性的需要,鄂西北运营公司大部分基层收费站均建在深山偏僻乡镇,周边附近村落大多为留守老人与孩子,安全防范意识普遍薄弱。针对山区老年人和小孩子辨别能力差、反诈能力弱的现状,"红帆党总支"主动作为,通过向村民发放反诈宣传单、宣讲当前常见的电信诈骗手段及真实案例,提醒村民要时刻提高警惕,切忌贪小便宜吃大亏,不被虚假广告所迷惑,注重保护个人资料信息等,筑牢老幼防电信网络诈骗的"防火墙",守护好深山老年人的家园和"钱袋子"。

与此同时,"红帆党总支"还结合"世界环境日"以及全国"节能宣传周""安全生产宣传咨询日"等节点,主动走进社区、学校、企业、农村、家庭开展公益宣传和志愿服务活动,时时处处不忘脚踏实地走村入户接地气,用一言一行体现爱民为民利民情怀,让湖北交投的一抹志愿"红"点亮乡村每一个角落。

图1 "'薪火'女子服务班"英姿

(二)"红心"献"爱心"

一颗红心跟党走,一份真情献爱心。"红帆党总支"旗下子品牌"红心志愿服务队"扎实践行"奉献、友爱、互助、进步"志愿精神,推动"我为群众办实事""下基层察民情解民忧暖民心"实践活动走深走实,深入基层倾听群众困难、解决实际问题,实现"面对面""零距离"服务,将帮扶关爱工作落在实处、做在细处,真正把温暖送到困难群众心坎上。如图2所示。

图2 "红帆党总支"慰问特困群众

关爱老年人身心健康,是全社会聚焦的重点。十堰市张湾区汉江街办双楼门村"寿松苑"养老院,距离鄂西北运营公司所辖 G70 福银高速十堰西收费站仅百米之遥,共居住老人 90 余人。"红帆党总支"中的"薪火"女子服务班依托地域优势,不论春夏秋冬、天晴下雨,长年组织高路党团员以及青年志愿者走进养老院,与老人们一起聊生活、谈健康、说农事、攀家常、讲打算……大家尽情地畅所欲言,勾起老人们回想起青年之魂、壮年之志的重重往事,并对如何过好晚年生活充满信心。每次来到养老院,"红帆党总支"的员工们都要为老人带上水果、点心、牛奶等慰问品,并现场为老人唱一首歌、跳一支舞、自制一杯"爱心热饮",逗得老人们脸上堆满了慈祥的笑容。

儿童是祖国的花朵,需要我们精心呵护。2022 年"六一"儿童节前夕,"红帆党总支"了解到郧西县上津镇孙家湾小学环境恶劣,整个学校只有屈指可数的 3 名老师和 20 多名学生,且这些孩子大多是留守儿童,长年与年迈的爷爷奶奶一起居住,父母远在外地打工,一年难得见上一面。鉴于此,"红帆党总支"利用工作之余,联合郧西县上津镇孙家湾小学开展"欢庆'六一'·童心向党·关爱校园行"主题志愿服务活动,特意为孩子们送来了颜色鲜艳的彩泥和课外书籍,陪伴小朋友们共同制作小手工、一起玩游戏,让孩子们过了一个欢乐愉快的儿童节。看着孩子们脸上洋溢着喜悦的神情,此刻志愿者们也感到了一丝欣慰。

与此同时,"红帆党总支"还经常进村入户,走访慰问困难群众、五保老人、退伍老军人以及伤残智障人员,年复一年日复一日,坚持将公益志愿服务进行到底,用实际行动诠释湖北交投鄂西北高路人的责任与担当。

(三)"红心"惠"民生"

一颗红心跟党走,牢记使命勇向前。国家实施助力乡村振兴战略以来,"红帆党总支"结合行业实际,坚持以路为媒,聚焦沿路旅游景点、土特产等地域特色,开创"高速+旅游""高速+特产""高速+X"等志愿助农通道,用青春之志助民增收,赋能地方经济社会大发展。

2022 年以来,"红帆党总支"党员先锋队的队员们在站所内搭起网络直播间,坐在镜头前,从收费员摇身一变成了"带货主播"。只见他们面前摆放着红薯粉、银耳等农产品,对着全国各地的网民们娓娓道来;现场花样试吃、才艺表演引得"粉丝"们频频点赞,最终将滞销的 250 多千克红薯粉销往全国各地。截至目前,他们推介的各色农产品有 60 多种,销售量 500 余千克;推介沿途风景区 6 个,红色教育路线 10 余条;并且利用直播间宣讲高速公路收费政策、行车知识和旅游攻略,做到每期有重点、期期有特色。可谁又知道在这些成效的背后,他们驱车近 15 公里,赶往农户家中,深入了解红薯粉的制作过程,再回到站所制作直播海报、撰写直播文案,对着手机镜头找感觉,历经 2 天时间的尝试和摸索,才确保了公益直播的顺利进行。

企业有动力,乡村有需求,市场有空间。有了第一次尝试后,"红心志愿服务队"先后与郧西县益群生态农业专业合作社开展了"'芋'你相约在郧西,高速助农搭鹊桥"直播助农带货;与郧西县五龙河风景区开展了"'幸福鄂西北·畅游五龙河'路哥路姐带你玩转五龙河"旅游推广活动,切实用行动做好景区宣传员、特产推销员、福利快递员的"形象代言人"。

随后,鄂西北运营公司联合十堰市文旅局印发交旅融合推广方案,开展路网宣传、景点推介、助农助残等活动近百次,"交旅融合,惠民利企"举措被湖北省政府网站推广,"红帆党总支"公益助农品牌形象日益得到彰显。

四、主要经验

(一)细化创建要求

第一党总支在创建"红帆党总支"之初,就明确了创建主体、细化了创建要求,即"五好五示范":党的建设好、领导班子好、工作机制好、工作业绩好、群众反映好的"示范型党组织";党的建设好、投资控制好、质量安全好、形象进度好、团结协作好的"示范型项目";党的建设好、领导班子好、工作机制好、作风形象好、经济效益好的"示范型企业";党的建设好、景观环境好、设施设备好、文明服务好、综合效益好的"示范型服务区";党的建设好、微笑服务好、遵章守纪好、工作业绩好、群众反映好的"示范型收费站"。针对"五个示范型"的"五个好",制定了量化考核指标,做到标准公开、任务清晰,为创建夯实了基础。

(二)强化党员模范作用

习近平总书记指出,国有企业要"通过发挥基层党组织战斗堡垒作用和党员先锋模范作用来凝聚职工群众、推动各项任务落实"。在遵守"五好五示范"创建要求的同时,广泛开展"党员先锋岗""党员示范岗"设岗创建,将设定的创建目标和创建职责进行公开,实现了创建工作从"团体"向"团体和个人"的延伸,做到"组织定调子、员工有谱子、党员担担子",并将设岗创建结果与薪酬绩效挂钩。

(三)注重工作实效

第一党总支坚持用习近平新时代中国特色社会主义思想武装头脑、指导实践、推动工作，结合学习习近平总书记重要讲话精神主题教育的开展，配合"三会一课"，组织党员干部学习。通过系统学习、对照汇报、支委研讨、工作部署、督办落实的五个步骤，切实推动全体员工学习贯彻习近平总书记在全国国有企业党的建设工作会上的讲话精神走深走实。

五、实施成果

在"红帆党总支"的引领下，"党员先锋岗""党员示范岗"等党员先锋队攻坚克难，第一党总支各收费站顺利完成春节、清明节、劳动节、国庆节及其他地方特色节日保畅工作，并且保障收费站卫生良好、服务优质、防疫有效，及时解决司乘的困难；党员模范作用持续增强，"红帆党总支"窗口服务不断优化，稳定保持鄂西北运营公司收费稽查月报文明服务上榜率第一。

安全方面，鄂西北公司于2022年6月荣获交通运输部颁发的"交通运输企业安全生产标准化建设"一级达标等级证书，"红帆党总支"在上级党委正确引领下，严格落实每月安全生产自查机制，滚动更新"两个清单"，及时召开会议研讨安全隐患整改措施，并多次组织安全主题培训及演练，增强全体员工实战经验。

专项工程方面，云岭隧道陕西往湖北方向自5月5日启动封闭施工，"红帆党总支"会同路段高警、路政、养护作业等部门制定了翔实的保通方案，明确了近、中、远端共计9处绕行提示点和分流管制点，要求所有点位定人、定岗、定责，并对重要分流管制点实行24小时值勤值守，施工单位更是采用"5＋2""人停机械不停"的模式，历时120天，克服疫情带来的困难，圆满完成所有处置任务，较原计划提前了10天。

乡村振兴方面，"红帆党总支"开展了多场"党建＋X"主题直播，助力乡村振兴，帮助上津古镇、郧西五龙河、三生郧阳、青曲绿道有机农场等景区宣传、带货，推进"地企共建""交旅融合""公益助农"相辅相成、互促互进，真正把公益志愿服务做到群众心坎上、做到真正急需处，切实把好事办实、实事办好。

"红色护航线"党建品牌

一、创建背景

习近平总书记曾指出,国有企业要充分发挥党组织和党员的作用,把抓党建与业务工作紧密结合起来,用抓党建引领企业业务工作的发展。国有企业抓党建不能脱离基本业务,这样的党建工作既没有特色,也不能促进国有企业效益的提升,达不到党建应有的效果。我们唯有在党建工作上细心谋思路、用心定举措、精心求实效,进一步加强企业基层党组织建设,坚持党建工作围绕生产经营不偏离,为推进企业内部形成人人干事创业、人人争当业务能手的良好局面提供坚强的组织和思想保障。

湖北交投鄂西北高速公路运营管理有限公司第五党总支,负责管养G4213麻安高速公路谷竹西128公里高速路段,与陕西安平高速对接。境内涉及桥梁95座、隧道28座,桥隧比达41%。该党总支下辖军店、窑淮、竹山、宝丰、竹溪、蒋家堰6个收费站和1个综合巡检办。分设2个党支部、6个党小组,实现了基层党组织建设全覆盖。第五党总支始终按照上级党委的决策和部署,积极融合"警路企"三方优势资源,全力构建"联勤、联动、联管、联控"的区域共治合力,切实为山区人民群众幸福助力,打造"路畅人和"的省际大通道。

二、实施目标

第五党总支结合高速公路行业特点,紧紧围绕收费运营的中心工作,以服务收费运营平稳、服务道路安全畅通、服务区域经济发展、服务全体员工成长为出发点和落脚点,全面推进"红色护航线"党建品牌创建活动。不断丰富品牌内涵、充实活动载体、突出创建成效,把品牌创建活动作为提升支部党建水平,促进业务工作的有力抓手和重要载体。充分调动辖区党员干部创先争优的积极性,为推动区域经济和鄂西北运营公司高质量发展作出新的更大的贡献。

三、品牌命名

第五党总支党建品牌为"红色护航线"。"红色"是日出的颜色,象征着光明,象征着希望,给人温暖,给人力量。"红色"也是中国共产党领导的中国革命的颜色,象征着胜利,凝聚起力量,引领未来,指引方向。"红色"彰显出党员信念坚定、思想先进、作风扎实。"护航线"突出鄂西北高速谷竹段的特性,彰显党员的服务宗旨,在思想、安畅、业务、创新、廉洁等方面起到引领作用,披荆斩棘、开拓进取。在党总支的领导下,打造平安、快捷、舒适、幸福的省际大通道。按照梯级阵地总要求,第五党总支管辖路段为"红色护航线",各站所应打造为"红色护航驿站",各党员突击队或党小组成立"红色护航队",全体党员为"红色护航员"。

四、思路和载体

第五党总支紧密依托"警路企"党建联建联创,充分发挥党建工作对促进业务工作的重要性,党员干部"带头抓党建、带头参与党建、带头融入党建"。既抓业务工作,也抓党建,形成"两手抓,两手强"的工作模式,促使党建工作和收费运营管理深度融合。"红色护航线"党建品牌建设是一个涵盖思想、安畅、业务、创新、队伍建设的系统工程。图1为"警路企"联合开展党史学习教育。

思想先进是保障,道路安畅是根本,业务扎实是基础,工作创新是手段,锻炼队伍是目的。为切实做好党建品牌创建工作,党总支将运营管理工作理念融入党建品牌创建活动,确保活动取得显著成效,为总支党建创建提档升级提供有力保障。为此,第五党总支重点抓了以下几个方面的工作。

图1 "警路企"联合开展党史学习教育

(一)以"红色引擎,护航思政"为载体,加强思想阵地建设

开设"红色一角"学习阵地,定期组织党员和员工开展思想政治学习;组建"红色护航"服务队,定期开展进企业、进农村、进社区、进学校、进家庭的安全"五进"活动,以实际行动践行宗旨、履行社会责任。坚持"三会一课"制度,扎实推进"两学一做"学习教育常态化制度化,使全体党员充分认识党建工作对促进业务工作的重要性,进一步明确创建品牌的意义和作用,从而提升创建的层次和水平,为总支各单位内强素质、外树形象提供精神动力。

(二)以"红色引擎,护航出行"为载体,加强道路安畅建设

深挖"一心致远,路畅人和"为核心的"警路企"党建联建联创,全力构建"联勤、联动、联管、联控"的区域共治新格局,切实为人民群众的安全快捷出行保驾护航。组建应急保畅突击队,共同处置辖区道路突发事件,构筑起强有力的战斗堡垒,为山区人民群众安全便捷出行当好交通"先行官"。组建"红色护航"巡查队,定期对辖区道路安全、机械设备、应急仓库等进行检查,及时消除道路安全隐患,为人民群众提供舒适快捷的通行环境。

(三)以"红色引擎,护航发展"为载体,加强精湛业务建设

开展"红色护航"大讲堂,党员干部带头开展业务授课、政策宣讲;组织开展"红色护航"传帮带活动,对青年员工从业务和思想两个层面进行提升;开展"红色护航"擂台活动,定期组织员工开展业务比武、技能竞赛,定期评出"红色护航"之星,人人争当"红色护航员"。

(四)以"红色引擎,护航改革"为载体,加强创新增效建设

抽调各专业青年党员组建创新小组,定期举办"红色护航"创新论坛,围绕"五小"活动、流程优化、路衍经济和路网营销等前沿课题,开展技术创新和管理创新。深挖"高速+X"新模式,助力地方经济发展和乡村振兴。

(五)以"红色引擎,护航清廉"为载体,加强廉洁从业建设

强化廉洁教育,夯实廉洁基础。以党纪党规为根本,加强党风廉政建设,一以贯之、常抓不懈。开展廉洁家风建设,建立党员干部家属联络群,定期发布典型案例,共同警示,相互提醒。开展形式多样的廉洁宣传活动,以微视频、抖音等新媒体,定期制作推送廉洁主题内容,随时学廉洁,人人知廉洁。

五、实施成效

自第五党总支启动"红色护航线"党建品牌创建以来,通过搭建基层党支部联合阵地,以路段集中监控点为平台,组建党员联合突击队,叠加起"一心为民"的雄厚力量。以服务司乘出行、服务通行环境、服务地方经济为抓手,将"服务+"理念融入日常工作。构建"安全保畅服务+""应急救援服务+""扶危帮困服务+""志愿活动服务+"等联合服务体系。彼此促进、优势互补、资源共享,使辖区党建堡垒作用更明显,服务能力更高效。图2为"警路企"联合开展敬老爱老志愿活动。

图 2 "警路企"联合开展敬老爱老志愿活动

(一)同路共治,安畅共保,以党建联建保障道路通达畅行

"积力之所举,无不胜也;众智之所为,无不成也。"鄂西北运营公司第五党总支"红色护航线",按照"优化、协同、高效"的原则,因地、因势制宜地建立健全高效的联动联勤工作机制。在道路安全保畅上,实现"一个指令,多方行动""一方任务,多方支援""一个目标,多方联动"的新模式,合力保障"人便于行,货畅其流"的安全快捷通行环境。

特别是在夏汛、秋汛期间,第五党总支党员突击队因势利导,以精准施策为导向,加强与地方政府以及气象等部门的沟通协作,建立信息共享机制。实时开展联合会商和分析研判,优化预警方法、提高预警精度,切实增强预警的预见性、准确性和时效性。与此同时,辖区"警路企"三方还通过开展防汛处置桌面推演、车道防汛保畅等演练,将应急保畅的工作实效在演练中逐一论证,全面提升党员突击队的防汛处置能力和应急效能。

同行共享,能力共进,以党建联创促进队伍能力提升。"大道行思,取则行远。"随着经济的发展,人民群众对美好出行的向往愈加明显。只有不断提升"红色护航线"的服务能力和水准,才能实现"路畅人和"的美好愿景。第五党总支"警路企"始终秉承"一条路、一家人、一条心、一个目标"发展理念,以党建联建联创为载体,加大对辖区党员的党性锤炼、能力提升和责任担当,以全面过硬的综合素质服务人民群众的美好出行。如图 3 所示。

通过"红色护航线"党建品牌的创建,辖区"警路企"三方定期联合开展党史学习教育、"纪法同行"专题讲座(图 4)、优秀党员讲党课等内容。不断增强辖区党员的政治定力和担当意识,持续推进各方在坚定理想信念、坚持实事求是、密切联系群众、加强道德

图3 "警路企"共同启动"安全生产月"活动

修养、严守党的纪律等方面做出表率,拼力拼智、善作善为,共同为广大人民群众的美好出行向往而不懈努力。

图4 邀请党校老师开展"纪法同行"讲座

截至2022年,鄂西北运营公司第五党总支"警路企"已开展联学活动4次,参训人数达120余人次,为发挥好党员的模范带头作用压实基础。

同道共创,幸福共营,以党建引领服务地方高擎旗帜。"一枝一叶总关情,一点一滴见初心。"第五党总支"警路企"党建联创联建工作,是持续深化基层党建工作、充分发挥基层党组织战斗堡垒作用的实践活动,更是共同推动党史学习教育走深走实,落实好"我为群众办实事"的实践活动。"红色护航线"始终赓续为人民谋幸福的初心,急群众之所急,想群众之所想,帮群众之所困,以联合之力,加强对地方弱势群体和困难企业的帮扶,持续为群众办实事、办好事。

自"红色护航线"党建品牌创建以来,第五党总支坚持深入开展走访困难老党员、重大节假日福利院慰问、金秋助学、优化营商环境等活动。始终做好区域群众服务的"店小二",切实把好事办实、实事办好,办到群众心坎上。

据统计,"红色护航线"党建品牌创建以来,"警路企"联合服务辖区困难群众200余人次,捐赠物资6000余元,助农销售7000余元。以实际行动,擦亮"红色护航线"的党建联建联创这张"名片"。

六、主要经验

湖北交投鄂西北运营公司第五党总支联合高警、路政,通过搭建基层党支部联创联建网格,以集中监控点为平台,打造"红色护航线"。在道路险情处置上,实现"一个指令,多方行动""一方任务,多方支援""一个目标,多方联动"的新模式,共同推动"一条路、一家人、一条心、一个目标"发展理念。心往一处想,劲往一人使,叠加"同心为民"的雄厚力量。以服务司乘、服务群众、服务地方为抓手,将"服务+"理念融入日常工作。实现"安全保畅服务+""队伍建设服务+""扶危帮困服务+""志愿活动服务+"等,以服务为"共鸣点"。通过彼此促进、优势互补、资源共享,使辖区广大党员党性锤炼更全面,活动载体更丰富,阵地建设更规范,服务能力更高效,全力为山区人民群众安全出行保驾护航。

下一步,鄂西北运营公司第五党总支"红色护航线"将不断深化合作机制、深挖联动优势,以"警路企"党建联创联建为契机,持续发挥好党建引领作用。主动作为、奋发有为、担当作为,保持"拼、抢、实"的状态和作风,全力为湖北"建成支点、走在前列、谱写新篇"贡献新的更大的智慧和力量。

着力推进"三个融合",以党组织引领企业文化建设
——国企党组织引领企业文化建设实践与探索案例

一、案例背景

随着我国社会经济的快速发展,企业市场竞争日益激烈,企业文化建设常常是容易被忽视的关键环节,优秀的企业文化是企业核心竞争力的源泉,对企业发展有着重要意义,加强企业文化软实力是提升企业核心竞争力的必然遵循。党建工作在国有企业文化建设中有着引领作用和不可取代的地位,既是党建工作赋能企业生产经营的需要,也是推动和实现企业高质量发展的必然要求。

作为"世界500强"企业中国建筑旗下中建三局的全资子公司,中建三局三公司成立70年来,不断探索党组织引领企业文化建设的路径,形成了"雷霆三实 拼闯争先"的文化特质,成为推动企业战胜一切风险挑战、始终屹立市场潮头的制胜法宝,为国有企业党组织引领企业文化建设提供了可供借鉴的实践案例。

二、实施目标

(一)增强员工文化认同感

通过党员队伍建设,坚持正确选人用人导向,建设忠诚干净担当的高素质、职业化干部人才队伍。通过组织建设,不断完善员工管理制度,使党组织在急难险重任务中能

够充分发挥战斗堡垒和党员先锋模范作用,增强员工对企业发展现状与实力的认同感。

(二)提高企业文化创新力

通过党建工作拓展企业文化建设思维,为国有企业文化发展提供方向指引。通过组织建设、党员队伍建设,丰富企业文化建设内容,激发员工对企业文化的新认知,不断提升员工创新意识,提升企业文化建设质量,有利于营造良好的文化氛围,推动企业文化建设在传承中创新,不断与时俱进,赋能企业生产经营需要,用创新力度和效果应对国际国内企业发展新形势。

(三)提升企业核心竞争力

国有企业党组织建设工作具有与时俱进的政治优势和管理经验,面对新形势、新任务,国内外市场竞争愈发激烈,企业文化软实力作为核心竞争力的重要支撑,通过党建工作不断革新企业文化,形成独特的企业文化优势,以文化软实力提升企业核心竞争力。

三、实践路径

党的建设与企业文化建设,归根结底都是做人的工作,二者作用机制相通、实施路径相融,关键在于找准企业文化建设与党的建设相融互促的切入点、着力点,打通两者之间的关键节点,实现相互赋能。

(一)推进思想融合

一是坚守文化根脉。在5000多年文明发展中孕育的中华优秀传统文化,在党和人民伟大斗争中孕育的革命文化和社会主义先进文化,积淀着中华民族最深层的精神追求,代表着中华民族独特的精神标志。国有企业要认真梳理企业发展史上来源于、契合于中华优秀传统文化、革命文化和社会主义先进文化的因子,传承优秀文化基因,构筑企业精神谱系。

二是站稳人民立场。毛泽东同志《在延安文艺座谈会上的讲话》中指出:"为什么人的问题,是一个根本的问题,原则的问题。"为了人民、依靠人民、服务人民是党领导文化建设的本质要求,国有企业文化建设必须坚持"以人民为中心"的价值取向,在企业文化理念确立过程中,寻找国家利益、集体利益和员工个人利益的契合点,以社会主义核心价值观指导构筑企业核心价值观。

三是强化理论武装。深入学习贯彻习近平总书记关于国企国资改革发展和社会主义文化建设的系列重要论述,坚持以人民为中心的政治立场,贯彻新发展理念,融入现代管理理念,确保企业文化建设沿着党的最新理论指引的方向前进,用党的创新理论指导建设质量、安全、管理等子文化,形成先进的企业文化理念体系。

(二)推进组织融合

一是落实"四同步""四对接"工作机制。党是以组织的形式存在和发展的,党的力量来自组织。党的基层组织是确保党的路线方针政策和决策部署贯彻落实的基础,也是推进企业文化建设的重要抓手。要坚持基层党组织应建必建、应换必换、逢换必严,推进党组织设置与企业组织架构同规划、同部署、同推进、同考核。确保企业发展到哪里,党的建设就跟进到哪里,党支部的战斗堡垒作用就体现在哪里,企业文化深植就覆盖到哪里。为做强做优做大国有企业提供坚强组织保证。

二是坚持党的集中统一领导。按照民主集中制原则,打造组织严密、运转高效、联系广泛、充满活力的组织体系,完善各级党组织统一领导、一把手主导、企业文化主管部门主抓、各部门共建、全体员工参与的企业文化建设工作体系,通过党的组织体系,实现企业文化建设党政同责、齐抓共管,让企业文化直达最基层的"神经末梢",不折不扣落到实处。

三是建好、用好、管好队伍。充分发挥党的组织优势和组织力量,把好干部选拔上来,把优秀人才集聚起来,把党员组织起来,把群众动员起来;积极选树先进典型,推动企业文化人格化,加强企业生产、经营、党建等各系统人才与企业文化建设专业人才互相交流,凝聚全司上下共同推动企业文化建设的强大力量。

(三)推进载体融合

一是推动思想政治工作载体与企业文化宣贯载体融合。充分发挥思想政治工作教育人、引导人、激励人、关心人的优势,充分利用党的宣传阵地、第一议题学习、理论中心组学习、支部"三会一课"等载体,教育引导广大党员干部与职工群众深入学习践行企业文化,并将企业文化宣贯融入"四史"教育,从政治、思想、理论、情感等各方面,推进广大职工对企业的文化认同。

二是推动教育实践活动载体与企业文化践行载体融合。立足基层党组织战斗堡垒作用发挥和党员先锋模范作用发挥,深入开展"不忘初心、牢记使命"主题教育、党史学习教育、"我为群众办实事"实践活动,广泛开展党建联系点、党建联建、党员先锋岗创建、党员志愿服务等活动,积极投身疫情防控、抢险救灾等大战大考,以初心成色检验文化品格,选树企业文化践行典型与标杆,带动广大职工群众建功立业。

三是推动党建工作考核载体与企业文化评估载体融合。紧紧牵住党建工作责任制考核这个"牛鼻子",充分发挥党建工作责任制考核全面性、综合性、权威性优势,将企业文化评估与党建工作责任制考核同步检查、同步操作、同步应用、同步改进、同步提升,实现党建与企业文化建设载体互融、工作互促、成效互鉴,不断推动企业文化建设提档升级。

四、实施具体举措及成效

近年来,中建三局三公司不断探索党组织引领企业文化建设的模式,形成了立根、立业、立行、立人的"四立"文化深植特色做法,并在实践中取得了一定的成效。

(一)以红色基因立根,始终不忘央企初心

一是提炼文化特质。历史从哪里开始,精神就从哪里产生。从新中国成立之初百废待兴之际,投身"一五计划"建设,到千里转战贵州,投身"三线建设",中建三局三公司为共和国国防工业建设立下不朽功勋;从率先投身市场经济浪潮,走南闯北建设祖国,到第一时间投入武汉火神山、雷神山医院建设,中建三局三公司参与创造了"中国速度"……70年来,中建三局三公司始终战斗在党和人民最需要的地方。为党分忧、为国奉献、为民造福,成为企业代代传承的红色基因和精神底色。公司全面梳理文化发展源流,吸收"三线精神""改革开放精神""伟大抗疫精神"等中国共产党人精神谱系的精髓,形成了"雷霆三实,拼闯争先"的文化特质,并展开系统阐释。

二是用好红色资源。推动企业奋斗史与党史学习教育深度融合,组织全体中层以上领导干部先后赴遵义开展党史学习教育实地研学,赴企业发源地重庆"寻根",接受精神洗礼、永葆创业初心。深入挖掘"三线建设"时期企业与四川汽车制造厂的历史渊源,与红岩重型汽车博物馆共建爱国爱企教育基地,携手赓续弘扬"三线精神"。深入开展"寻找初心"活动,重温历史上31个经典工程的初心与精神,弄清楚过去为什么能够成

功、未来怎样才能继续成功。

三是经营文化IP。精心经营维护"三线建设""富山速度""中国速度"等文化IP,举办/承办中外企业文化2021峰会、抗疫先进事迹报告会,撰写报告文学《建证》,摄制老领导访谈录《征途》,制作党史学习教育视频《竹板声声给党听》《岁月·嘱托》,MV《搞么斯》《有板眼》《拼闯者》《我们的时代》,创编舞台剧《雷霆三实 拼闯争先》《架起争先的金桥》《寻找初心》,其中,《竹板声声给党听》登上《人民日报》,《搞么斯》荣获2021年工程建设企业文化作品竞赛二等奖。

(二)以红色引擎立业,始终推进改革创新

一是深植变革基因。从"三线建设"时期破解山砂应用密码,荣获"全国科学大会奖",创造"山砂奇迹",到在国内率先应用日本精细化管理,在一片盐碱地上建起中外合资现代化厂房,开创"武田模式";从上海正大广场建设中勇当国际总承包管理先行者,淬炼"正大经验",到打通6国标准、带领12国团队,在北非地震带上建起世界第三大清真寺,代言"中国建造"……纵观中建三局三公司发展史,党组织引领着每一次变革,孕育出行业最先进的生产力与生产关系,也将变革基因深植入企业的文化血脉。

二是推进改革兴业。坚持"两个一以贯之",把提升企业效益、增强企业竞争力、实现国有资产保值增值作为党建工作的出发点和落脚点,确立了"十四五""跨入千亿平台,迈向集团三甲"的奋斗目标,引领全体职工踔厉奋发。编制公司《"十四五"战略规划》《推进企业高质量发展的实施意见》《工作方法三十条》,从战略规划、制度文件、员工行为等层面,自上而下构筑起战略平台、思想平台、方法平台,全面承接改革部署。积极响应国家区域发展战略,整合北方区域、国际业务、基础设施等机构,成立浙江第二总部,组建新能源事业部、绿色产业研究中心、科创公司,大力发展创新业务。近年来,公司完成签约额535亿元,同比增长63%,其中公投项目签约396亿元,占比74%。

三是坚持创新赋能。公司始终坚持将创新作为引领发展的第一动力,连续两届被认定为高新技术企业,累计获得各级科技进步奖200余项。其中,全球首创的"桥梁造塔机",全国首创的"住宅造楼机"等6项技术达到国际领先水平,17项技术达到国际先进水平。打造科创协同制造基地,轻量化、低成本、快周转的"住宅造楼机"投入示范应用,亮相中国智博会。全面贯彻新发展理念,积极探索光伏发电、抽水蓄能等创新业务,承办全球冷链物流峰会、武汉建筑业数字化应用大赛、局创新工作室观摩交流会。先后打造国内最长5A级环湖绿道——武汉东湖绿道、雄安新区第一个大型综合性公园——悦容公园、安徽金寨新皇明100兆瓦光伏电站等重点工程,为人民美好生活赋能。

(三)以红色基石立行,始终筑牢战斗堡垒

一是将大战大考作为淬炼战斗力的熔炉。2020年,新冠疫情突袭武汉,作为火神山、雷神山医院核心参建单位,中建三局三公司党委第一时间动员全司党员干部职工,火速集结5600余名管理人员和工友投身医院建设。建设过程中,现场成立临时党支部和党员突击队,广大党员干部面对急难险重任务,忠诚担当、带头冲锋,带领全体建设者24小时日夜奋战,助力10天建成火神山医院、12天建成雷神山医院,创造了举世瞩目的"中国速度",获雷神山医院院方颁发"雷霆三实,使命必达"荣誉称号,淬炼企业文化特质。

二是将基层一线作为彰显凝聚力的舞台。紧贴深化改革,在行政组织机构调整的同时,完善区域分公司、经理部等党组织建设,在听得见炮火的前台,淬炼支部战斗堡垒作用。结合主题党日活动,创编《党建智库》,统一每月党支部学习主题,让后台的改革要求、中台的强企举措贯穿到底。以分公司党委为主体,聚焦发展质量、风险化解、勤俭办企,开展以"抓执行、比实绩,抓担当、比消减,抓落实、比节俭"为内容的"建证力量·三抓三比"劳动竞赛,推动"项目管理好,团队建设优"工作目标落实落地。抓实支部书记履职述职,提升支部工作成效。建立"三位一体"绩效考核体系,实现个人与组织绩效强关联。

三是将联建共建作为提升组织力的抓手。创新实施党建联系点、联系人、大联建"三联工作法"机制。对内,通过联系点、联系人、内部联建实现党的组织与工作全覆盖,推动基层党建明显加强;对外,通过大联建与区域内政府、军队、学校、分包方、上下级及兄弟单位党组织开展联建共建,全面整合党建资源、信息资源、政策资源、管理资源,有力促进各方党建工作统筹联动开展,强化各级党组织的政治功能和服务功能。相关成果进入中国大连高级经理学院课程,入选党建经典案例。

(四)以红色先锋立人,始终坚持立德树人

一是全面扛旗开赛。以党员突击队、示范岗、责任区、创新工作室创建为载体,打造"建证匠心·红色先锋"党建活动品牌,推动党员团结带领职工群众建功立业。聚焦市场营销、履约攻坚、平安示范、科技创新四大板块,创新开展"建证匠心·红色先锋"劳动竞赛,公司55支"岗队区室"竞赛团队全面扛旗开赛。中标厦门新机场、重庆茶惠大道二标段、天津立邦涂料新建厂房等一大批重点工程,按期完成重庆陆海国际中心项目、京秦高速景忠山隧道双幅贯通、马来西亚IOI城市广场开业等一系列重要节点,全面激发全司上下"干就干最好,争就争第一"的争先斗志。

二是选树雷霆战将。公司党委书记、董事长王延波作为全国五一劳动奖状获奖企业代表,出席全国庆祝"五一"国际劳动节大会,在人民大会堂现场接受表彰,并作《以生命奔赴使命 用平凡筑造不凡》发言,《工人日报》全文刊发。举办抗击新冠疫情先进事迹报告会,开展劳动模范、抗疫先锋、最美一线职工、双百先锋评选表彰。公司微信号开通"雷霆战将"特色专栏,累计发布26期。公司职工陈前柏坚守海外10余年、拓荒非洲原野的事迹登上《湖北日报》,获湖北省住建厅微信公众号头条报道。职工刘爱莲巨幅海报登上武汉地铁"致敬劳动者"专列、车站,受到全城瞩目。争先的舆论导向、鲜活的榜样力量,全面传递鲜明的价值取向。

三是打造职业化团队。坚持以争先有为者为本,全面塑造人才的激励、考核、评价、任用体系,实现人员能进能出、干部能上能下、薪酬能增能减。举办新员工职业化团队建设道德讲堂,打造"雷霆青年说"品牌,为数千名青年员工带来深刻的职业精神洗礼。制定全员综合能力提升实训方案,针对不同主体,实施"雷霆战将""环球成长""英才优选"计划,打造桥隧、机场、石化等产品线职业化团队。积极探索"揭榜挂帅""沙场点兵",率先试点两级领导班子任期制和契约化管理,全面开展公开竞聘,坚决实施末位淘汰,常态化推进各级总部控编与轮岗交流。

五、主要经验

在国有企业党组织引领企业文化建设的实践和探索过程中,公司坚持推进思想融合、组织融合、载体融合,通过"三个融合"实施路径,在实际工作中取得了系列成效,形成了系列经验。

(一)以党组织把方向作用来塑强企业文化"根""魂"

以鲜明的政治属性塑造企业文化的"根"和"魂",确保企业文化建设牢牢守住正确的前进方向。贯彻新发展理念,才能使企业成为党和国家最可信赖的依靠力量,从而赋能企业改革兴业创新发展。

(二)以党组织管大局作用来确保企业文化建设科学有效

充分发挥国有企业党委总揽全局、协调各方作用,将企业文化作为企业核心竞争力,打造基层党组织党建品牌,强化企业文化阵地建设,实现文化有力传播,通过发挥国有企业党委总揽全局、协调各方的作用,才能确保企业文化建设理念科学、目标明确、统筹有力、路径有效。

(三)以党组织促落实作用来推动企业文化建设落地见效

将企业文化建设与党建工作同谋划、同部署、同落实、同考核,把企业文化建设的内容与要求,纳入党的基本组织、基本队伍、基本制度建设,推动企业文化建设目标任务和决策部署落实、落地、见效,实现党建与企业文化建设同频共振、相融互促。

"四个三"工作法,强化项目党支部书记履职能力

一、案例背景

坚持党的领导、加强党的建设,是国有企业的"根"和"魂",是我国国有企业的独特优势。党的力量来自组织,组织的力量源于基层。习近平总书记强调,要夯实基层基础,持续扩大党组织有效覆盖,把各领域基层党组织建设成为坚强的战斗堡垒。只有基层党组织坚强有力,党员发挥先锋模范作用,党的根基才能牢固。

项目党支部作为国有建筑企业的最基层党组织,项目党支部书记是党支部的领头羊,提升项目党支部书记履职能力,必然是党建职业化团队建设中的重要一环。中建三局三公司中南分公司党委积极作为,传承红色基因,将项目党组织建设与建筑行业的项目管理结合起来,探索实施"四个三"党建工作机制,强化党支部书记履职能力,助推企业高质量发展。

二、实施目标

通过实施"四个三"党建工作机制,即完善三项制度、打造三个平台、搭建三个擂台、优化三项工作,优选强配党支部书记,增强工作创新能力,打造特色党建品牌,激发群团活力,充分发挥基层党组织的战斗堡垒作用。

三、实践路径

(一)完善三项制度,让项目党支部书记选配有章可循

1. 完善选拔任用制度

中南分公司秉持"以争先有为者为本"的理念,牢固树立"凭德才、重经历、看业绩、听公论、识状态"的选人用人导向,强化业绩评价结果应用,大胆选用业绩好、状态佳的优秀干部,主要从竞聘上岗和完善选拔方式两个方面持续发力,优化基层党支部书记选拔任用制度。通过成立竞聘上岗领导小组、完善竞聘流程、制定竞聘实施方案和设计考评体系等一系列举措完善竞聘上岗机制,既激励了在岗的党支部书记,同时也能淘汰不适合从事党支部工作的人员,从而吸纳更多能力强、热爱党务工作的党员加入。采用党员推荐、群众推荐、组织考察、支部委员会选举和支部党员大会直选相结合的方式完善党支部书记的选拔,选出政治合格、能力胜任、党员信任、群众满意的党支部书记。

2. 完善岗位任职资格体系

中南分公司主要从任职资格标准和任职资格认证两方面完善项目党支部书记岗位任职资格体系,主要凝练出了包含任职基本条件、基本能力、业绩要求和突出贡献等四个维度的任职资格标准。基本能力涵盖了组织领导能力、判断决策能力、沟通协调能力,业绩要求是指考核成绩在单位中的排名,突出贡献是党支部书记任职资格的加分项。分公司对党支部书记资格认证主要包含了学习培训、民主评议、实绩考察和审核认证四个方面,资格认证后颁发任职资格证书。

3. 完善考核评价制度

在指标设置上,分公司细化落实《中建三局三公司项目党支部工作考核办法(试行)》,在通用指标基础上,根据支部实际制定附加责任清单,做到差异化、特色化管理。通过签订《党建工作目标责任书》,压实管理责任,按季度进行考核。在考核结果运用方面,分公司出台《关于进一步抓好基层党支部考核奖惩机制运用的通知》,强化支部考核结果在评先评优、干部考核、绩效管理等方面的运用。

(二)打造三个平台,让项目党支部书记成为行家里手

1. 打造初心课堂平台,激发"主动干"的意识

不忘初心,方能行稳致远。分公司通过整合资源、创新课堂方式,打造具有中南分公司特色的初心课堂平台,激发项目党支部书记"主动干"的意识。与中共五大会址纪念馆、南昌八一起义纪念馆、红安革命传统教育基地、江西革命烈士纪念堂等联合建立一大批红色革命教育基地。运用领读学习、视频学习、知识竞赛等形式宣贯习近平总书记重要讲话精神;开办"匠筑夜校",每周四晚邀请业务精英培训授课。与属地党校建立联系,通过外联内培,组建了一支初心培育团队。

2. 打造业务培训平台,解决"怎么干"的问题

为了能够更好地提升党支部书记的综合素养,做好党建工作的领头人,分公司利用"三公司云课堂"等平台,深入推进"英才优选"工程,稳步落地"能力提升年"培养规划,强化"准班子"人才队伍建设,通过精准赋能激发人才活力,形成一套特色培训体系,充分解决项目党支部书记"怎么干"的问题。分公司的业务培训活动平台主要分为三个阶段,第一,开展自学。一方面,要求项目党支部书记完成每个时期指定的党史学习教育书籍的阅读,并撰写读书心得;另一方面,通过线上平台完成既定学习课程。第二,集中学习。通过邀请内外部讲师方式组织党支部书记进行集中研学,各项目党支部书记每年必须至少一次参加上级举办的党支部书记培训班,新任党支部书记必须参加专项培训。第三,培训效果跟踪。通过在学习过程中随机提问,进行结业测试,以及追踪培训效果的反馈等方式,全方位衡量培训效果。

3. 打造样板共享平台,提供"照着干"的蓝本

打造样板共享平台,本质就是做好典型选树工作,是各级党组织的经常性工作,更是推进党支部标准化和规范化建设的一项重要工作。分公司按照中建三局党支部工作指南,以"建证"党建品牌活动为依托,在政治引领作用、党建引领专业建设、支部堡垒作用等方面持续发力,打造了一批样板共享平台。如中建"壹品澜庭项目"积极推行"准军事化"管理试点工作,形成了独有的"八个一"工程,做到了将项目职工管理生活制度化、行动军事化、秩序规范化,进一步提升了项目团队的凝聚力和执行力。

(三)搭建三个擂台,让项目党支部书记各显身手

1. 基础党务标准化擂台

分公司通过细化常规工作和上级下达的重要任务两个维度、共计七个层面的内容,作为党务标准化的评价标准。通过看现场、阅资料、听汇报的形式,对项目党支部书记进行打分排名,根据排名初选出优秀项目党支部书记,参加分公司层面的擂台比武。通过PPT讲演和现场提问的方式进行述职评议,将评选出的党支部书记作为年度优秀项目党支部书记备选人员。实施基础党务标准化擂台,不仅使各项目党支部书记明确了开展党务工作需要把握的重点,还以标准化建设促进工作规范化,切实解决问题、补齐工作短板。

2. 特色工作推广化擂台

实现党建特色工作推广化既是基层党组织党建工作水平的重要体现,也是持续推动党建工作日新日高的有效途径。分公司依托总部三个党支部,定期开展与项目支部联建活动。结合"建证"党建品牌创建工作,从党内学习、业务交流、职工思想、困难帮扶等方面,打造党建与生产高度融合,总部支部服务项目的优质党建品牌。同时,分公司通过开展各类特色学习教育活动、特色党日活动、党支部特色工作机制研究等系列创新举措,激发党支部工作的创新意识和创新能力。通过特色工作推广化擂台,分公司创新实施了联系点、联系人、大联建"三联工作法"机制,基层党建明显加强,党支部战斗力持续提升。

3. "党建+"课题化擂台

分公司通过开展"党建+工建""党建+团建"课题化研究,以思想建设、组织建设和队伍建设三个方面为着力点,找准工会建设和团组织建设中的痛点,直面问题,经过党委会讨论形成问题报告,拟定研究课题。然后,由分公司发布研究课题,各项目党支部书记牵头,党支部之间可以展开合作,成立三支以上的课题研究队伍。凡是参与课题研究的,均可在年终考核中,为支部书记及其所在的党支部加分。分公司在课题研究过程中予以必要的支持,课题研究成果将由分公司统一进行评定,优秀的成果将会颁发奖励并推广使用。通过实现党建、工建和团建共同发展,将党建优势转化为治理优势,促进了企业快速发展进步,营业额逐年攀升。

(四)优化三项工作,让项目党支部书记有为有位

1. 量化工作清单,把好有为有位之"向"

加强党的基层组织建设,关键是要从严抓好落实。要明确工作任务,只有工作任务清晰,才能有的放矢,保质保量完成工作任务。分公司党委结合公司全年生产经营指标设立党建工作目标,建立党建考核积分制度,依据规章制度要求对党支部"规定动作"进行梳理,建立两个维度七个大项的任务清单,共计150个积分,清单包括"三会一课"制度、主题党日活动、发展党员工作、品牌创建和推优选树、民主评议党员等一系列工作,同时对每一项工作和生产经营融合提出具体要求,确保"规定动作"不走样、关键环节不遗漏。分公司通过量化工作清单,实现了党的建设工作清单化管理,不仅使项目党支部书记明白做什么,更为考核和挑选优秀党支部书记提供了指引。

2. 做好过程监督,传导有为有位之"压"

在党建工作中,党支部书记是第一责任人,必须了解党建工作的重要性,做好统筹安排,也必须接受上级领导的考核评价、群众的监督。分公司从三方面做好过程监督,传导有为有位之"压"。一是开展经常性的纪律警示教育,健全项目专兼职纪检人员配备,深化作风建设监督,运用分公司监督委员会,夯实大监督体系,定期检查项目党支部书记履职尽责情况,及时解决苗头性、倾向性问题。二是建立年度考核评价机制,对党支部书记思想政治引领、基层组织建设、党风廉政建设等方面情况进行全面考核评价。三是建立党支部书记奖惩机制,对特别优秀、表现突出的,根据工作需要提拔或重用;对不胜任岗位或干部职工意见大的,问责追责并调整岗位。

3. 做实正向激励,赋好有为有位之"能"

人才培养需要做好人才激励,让有为者有位,让真正的人才发挥应有的价值,促进项目管理水平的整体提升。分公司通过改进人才评价机制,准确评价人才专业能力素质,合理筛选、任用、搭配选才,激励不同阶段、不同层级的人才提升专业化水平;完善关心关爱机制,为工作状态佳、业绩突出、群众评价好的项目党支部书记,通过轮流休假、亲子活动、组织联谊会等形式给予精神上的奖励;持续开展项目党支部书记季度考核,强化考核结果运用,将考核结果作为评先评优、晋升奖惩、送外培训的重要依据;同时,建立沟通反馈渠道,全方位了解项目党支部书记的诉求,并对激励中没有落实到位或者需要优化的地方,给予及时解决,真正做到正向激励。

四、实施成效

通过在分公司全面实施"四个三"党建工作机制,项目党支部书记队伍整体能力得到了显著提升,在夯实支部堡垒、彰显初心担当、开展群团工作和文化宣传等方面取得了一系列成效。

(一)做强项目党支部书记,夯实支部强堡垒

以推进"三大工程"为目标,分公司各片区各党支部集体发力,创建了一大批党建特色品牌,强化了支部堡垒作用。南昌片区联合党支部以九龙湖医院、昌北机场项目"优质履约"为抓手,传承"红色基因",发扬"在赣就得干"敢拼敢抢敢干精神,以党建凝聚生产合力,实现了片区高效履约;壹品澜庭项目党支部推行"准军事化"管理,开展的"八个一""九心"工作法,促进了工程精益建造、装配式管理;军运村项目党支部通过"三联工作法",以"绣花"精神打造良好品质,获万名世界军人点赞。准军事化管理、"三联工作法"等经验多次参加总公司、局交流。

(二)做强项目党支部书记,使命在肩显初心

抗疫复工担当有为。抗疫复工活动展开后,分公司30多个在建项目开展劳动竞赛、"三号联创"活动,全面打响施工大会战。星光城获局精益建造劳动竞赛党员示范岗,中粮大悦城项目飞检全国排名第一。分公司获得公司劳动竞赛优胜单位。抗疫期间,分公司43名青年团员紧急驰援,冲锋陷阵,用实际行动践行初心使命,相关事迹在新华社、央视等多家核心媒体发布,分公司获湖北省国资委先进基层党组织、局抗疫先进单位等荣誉,11名党员获得中建集团、局抗疫先进个人。

弘扬大爱冲锋在前。疫情期间,2名青年参加社区疫情防控志愿服务,青年员工熊书捷为湖北200余家医院筹措了价值700余万元的医疗物资,获评中建三局"优秀青年志愿者";10余个项目分别开展慰问社区工作者、义务献血、关爱老人、慰问抗洪战士等志愿服务活动。积极开展关爱农民工、义务献血等志愿服务活动,结合重大传统节日开展喜闻乐见的文明创建主题活动。组织5000余名工友免费体检,实现"四必三送"全覆盖。

(三)做强项目党支部书记,群团工作有活力

(1)支部品牌创建更优。分公司"建证"党建品牌活动的6个"建证"系列主题(建证·成长,建证·两山,建证·先锋,建证·学习,建证·志愿,建证·匠心)均在项目得到了充分的实践,硕果累累,发掘了一大批基层党员先锋模范。

(2)廉洁教育更深入。实现了廉洁教育全覆盖,通过领导班子晒"廉洁心语"、项目经理为廉代言等多种形式筑牢廉政"防火墙";廉洁文化示范点VR云观摩,获局"廉洁文化示范点"建设优秀成果;开展一系列节前警示教育,对节假日期间公车使用、值班考勤、食堂餐饮情况进行明察暗访,严防四风问题返潮。

(3)群团工作助生产,职工获得感更强。分公司组织的技术比武活动,引领工友锤炼"工匠"精神;承办的安全月启动仪式暨劳动竞赛推进会、职工创效"金点子"被上级(局)采用;举办的全明星周末活动,极大地激励了项目员工工作的干劲。开展"三八"节女职工花艺活动,丰富职工业余生活;通过健步走、登山、趣味运动会、田园采摘等形式创新开展文体活动;开展"新中南杯"台球赛和篮球赛,持续推进农民工集中入会行动,切实发挥工会联合会作用,构建企业和谐劳动关系。

(四)做强项目党支部书记,文化共建营造氛围

(1)宣传力量再"扩容"。吸收项目党支部成员,宣传小分队由最初的7人扩大到23人,赴项目采访30余次,先后内外宣发稿80余篇,在局融媒体产品大赛上获"操作大神"奖,在公司党建业务沙龙中获得第一名。

(2)典型人物立标杆。在局、公司微信公众号推出蒋桂喜、张恩会、郭海光、郑思虎、邹丛敏、鹿宁波等一大批优秀典范。"两山"医院建设者林正杰登上新华社微信公众号推送的《致敬!城市英雄》,后台阅读量破千万,并在武汉繁华地带的48块城市大屏上循环展播。《民生工程一天也耽搁不得》登上《经济日报》头版,单篇融媒体传播力指数达428.5。

(3)爆款作品频获赞。《搞么斯》《竹板声声给党听》《敢问路在何方》再成爆款,集团视频号、集团微信号、局微信号阅读量均破"10万+",登上新华社、《人民日报》、中新网、学习强国等主流媒体。《竹板声声给党听》被局党史学习教育简报采用,《搞么斯》荣获2021年全国工程建设企业文化作品竞赛二等奖。

五、主要经验

在推进项目党支部书记队伍建设的过程中,分公司创新性实施"四个三"党建工作法,从制度建设、培训提升和考核考评等方面着手,不断优化机制和手段,促进党支部书记队伍建设,取得了一系列成效。总的来讲,有以下三点启示。

(一)优化基本工作制度,规范党支部书记的管理

在新形势下,党建工作的重要性不容忽视。在建设党支部书记队伍时,必须建立与之对应的管理制度,通过制度规范党支部书记的管理。

(1)优化选拔任用制度。①优化选拔流程。通过"自荐+党支部推荐"的形式进行初选,然后经过考察、听取群众意见等方式全面考察,充实后备人才。②拓宽选拔路径。打破唯学历不重能力、唯文凭不看水平、唯专业不看取向、唯资历不重实绩的传统做法,从各个岗位优中选优。③严格把握选拔过程。为了能够提升党支部书记团队人员的素养,就必须在内部开展公平、公正竞争,选拔优秀的党员作为支部书记。

(2)明确党支部书记工作的职责,规定党建的工作思想,为党建工作提供指引。一方面,党支部需要承担教育党员和群众,凝聚群众、宣传群众的职责。党支部书记作为整个团队的核心,是领导者,是组织者,是党建工作的第一负责人。要积极学习党的中心思想,部署各项工作,抓基层、重创新、求实效,不断推动项目党组织进步。另一方面,要结合国有施工企业的实际现状,认真贯彻并执行党的方针政策,积极宣传党的目标、任务。深刻认识项目党组织与企业生产经营之间的联系,通过党支部对工作进行指导,帮助党员干部积累更多的实干经验。

(二)完善和优化培训体系,提高党支部书记的能力

提升党支部书记的综合素养、当好党建工作的领头人,需要在国有施工企业内部加强对党支部书记培养的工作,建立全流程的培训体系,为后期工作的顺利开展提供保障。

(1)定期开展党支部书记理论培训。通过集中脱产培训,使党支部书记系统地学习掌握党的新思想、新理论、新战略,学习党中央关于全面从严治党、加强基层服务型党组织建设、严格党内政治生活等方面的一系列新要求,进一步从思想上、政治上、理论上武

装起来,切实增强基层支部书记的政治素养。同时,加强研讨,科学确定理论培训内容。

(2)丰富培训的方式和内容。在常规培训的基础上,通过现场观摩、远程视频系统、直播和外派进修(到各个专业学校去学习)等形式开展培训,提升党支部书记的党性、思想品质和专业能力,为党支部书记做好日常工作奠定基础。定期对党支部书记能力问题进行针对性的培训,提升党支部书记的责任意识、组织能力、创新能力、政治思想水平等。通过企业和企业之间的相互交流活动,帮助党支部书记总结党建工作经验,结合实际情况,不断提升党建工作的能力。

(3)建立党支部书记人才库。利用已经建立的选拔任用制度,选拔优秀的后备党支部书记,注重日常的关注和培养,当党支部书记岗位出现空缺时,优先选拔选用,推进党务工作者队伍结构与素质双优。

(三)通过优化考核机制,激活党支部书记的干劲

充分发挥考核"指挥棒"作用,全面强化党支部书记责任落实,让每名党支部书记清楚该干什么、干到什么程度、干不好会怎样,激活党支部书记的干劲。

(1)建立项目党支部工作的经常性检查指导机制。定期检查项目党支部党务基础工作开展情况、支部书记履职尽责情况、支部活动开展情况、作风情况等,做到每月一通报一点评,及时解决苗头性、倾向性问题。

(2)建立年度考核评价机制。每年对党支部书记思想政治引领、基层组织建设、党风廉政建设、综合治理、职工培训等方面情况进行全面考核评价,把考核成绩作为薪酬收入、选拔任用的重要依据,使党建工作由软指标变为硬约束,切实从严管理项目党支部书记队伍。

(3)强化考核结果运用。注重发挥考核的指挥棒作用,落实好党支部书记抓基层党建述职评议考核等制度,把考核评价结果与年度绩效工资等挂钩,作为支部书记职务晋升、评先表彰重要依据,并注重从优秀党支部书记中选拔任用人才,切实用好、用活考核结果,最大限度地调动支部书记立足岗位创先争优的工作热情。

以科技强党建,以服务践初心
——数字化党建提升党建活力

招商银行武汉分行党委坚持以习近平新时代中国特色社会主义思想为指导,深刻理解"两个确立"的决定性意义,增强"四个意识"、坚定"四个自信"、做到"两个维护",胸怀"两个大局",牢记"国之大者",始终坚持"两个一以贯之",以"两学一做"学习教育常态化制度化、党史学习教育常态化长效化为抓手,把开展系列活动与开创新时代党建工作新局面结合起来,持续探索金融科技助力党建信息化管理提升,推动分行党建工作向基层拓展、向纵深拓展,以高质量党建引领高质量发展。

一、问题导向,探求党建工作创新路径

党的十八大以来,在从严治党的新形势下,各单位对基层党建规范性的要求越来越高,越来越重视。如何从整体、全局的角度推进基层党组织建设治理的数字化转型,有效整合数字化资源、平台和场景,强化基层治理的党建引领,切实为基层党务工作"赋能减负",最终汇聚形成强大的治理合力,是每一个基层党组织需要认真思考的问题。

从基层党组织基础党建工作当前面临的困难和痛点来看,一是专业人手不足,基层党务工作人员大多为兼职,流动性较大;二是专业能力参差不齐,基层党务人员对党内知识的学习和理解深度存在较大差别,党支部层面怎么做、做成什么样,没有明确的标尺;三是专业工具门槛高,投入研发成本、持续迭代技术成本高,将党建制度翻译成IT语言存在较大掣肘。

就招商银行党务管理实践而言,辖40余家一级分行,共计2000多个党组织,党员在机构间流动是一种常态,党务管理难度较大。而且,各基层党组织中新培养的兼职党务工作者一旦发生岗位调动,又需重新培养,进一步加大了管理的难度;同时,党内常用的

规章制度上百部,在实践中大家的理解常常不一致,如没有丰富的党建实践经验则很难有效解决基层党建工作痛点。从招商银行武汉分行来看,辖内共计101个党组织,1400多名党员,在仅有两名专职党务人员的情况下,如何推动全行基层党组织工作同步骤、同标准、同质效?而且,仅靠增加人手始终也不能解决根本问题。

面对总、分行党建工作实务中的种种难题,如何通过创新举措在党内制度与党建事务之间架起一座金融科技桥梁,从而实现信息快速触达、指令一键下发、流程标准统一、反馈即时有效,招商银行近年来深入贯彻新时代党的建设总要求和新时代党的组织路线,结合"两学一做"学习教育常态化制度化、"不忘初心、牢记使命"主题教育、党史学习教育等工作,围绕"抓基层、强基础、夯实基本功"的目标,在完善基本组织、基本队伍和基本制度的基础上,持续探索发挥金融科技优势路径,向党建数字化管理方向不断迈进。

二、科技加持,加强党建数字化建设

在通过标准化建设提升基层党建工作质量的基础上,招商银行以建设金融科技银行为契机,着力加强工具和方法的体系化建设,以规范基层党务工作和提升工作效率为出发点,持续实现党建工作在信息化建设领域的重大创新。2018年初,招商银行以自身真实的党建场景和党建生态为样本,进一步扩大党建信息化范围,自主研发了集党务管理、学习教育、党内宣传于一体的全场景党务流程管理SaaS平台。全面覆盖管组织、管队伍、管党务、管程序、管标准、管数据,涵括了党组织管理、党员管理、组织生活管理等60多个党务工作场景,实现全方位无盲区线上化,将所有的党建工作纳入线上管理,并且支持数据看板功能,让各级党组织可直观通过该系统对辖属党组织开展的党建工作进行全流程跟踪,及时掌握基层党组织党建工作实情,便捷查阅基层党组织分布、党组织数量、党员结构等基本信息,极大提高了监督检查和指导效率。同时,系统还可实时提供党建工作任务提示、预警、党务检查等一系列人性化的智能处理功能,能有效避免党组织换届、增补选不及时等问题;通过提供党务标准化流程引导,将标准化文书模板和流程控制引入支部党建管理,有效规避增补选流程不规范、发展党员逆程序等问题,有力保证了党建工作的规范化、标准化;通过组织关怀,如自动检索信息并向党员推送政治生日卡、入党光荣卡等,提示党员时刻铭记身份,提升身份意识,有效将金融科技与党员的仪式感有机结合;通过党费交纳线上管理,实现党费交纳的一键通知、线上交纳、实时统计和自动记账等功能,并通过为党员用户党费交纳页面专项设计的红色背景元素,强化、突出仪式感。

值得一提的是,在技术应用层面,"智慧党建云平台"依托银行级别的数据安全管理优势,运用"区块链"技术,解决了组织和人员数据分布存储、链上取证、不可篡改的问题,并在专业、优质、高效的基础上实现专兼职党务工作人员工作的简化,真正达到"应用即培训、流程即制度、系统即管理"的效果。

三、因地制宜,用科技激发党建活力

依托总行技术平台工具优势,武汉分行充分借力"智慧党建云平台",在党建工作方向、工作流程、规范动作等方面均实现了标准化管理,有效提升了党建工作质量,并促进中心工作有效开展。

在系统应用过程中,结合党建实务日常需求,武汉分行进一步利用自身技术优势和内部研发工具开发党建工作管理平台,功能涵盖党建任务下发管理、党建考核积分管理、党建物料领取管理、消息批量发送等,有效激发基层党建活力。其中,通过任务下发管理,定期和不定期向各基层党务工作者发布工作任务履职清单,明确党建任务要求,并持续跟踪提醒未完成情况,督促党务工作者对照"勾选"完成结果,确保"不漏一项";运用智慧党建云平台进行检查督导,通过积分评价功能推送整改提示,并综合基层党组织创优争先情况和内部考核机制,实现对基层党建工作的有效量化和对基层党务工作的科学评价;通过党建物料管理功能,集中采购如党徽、党旗等重要物料,通过党建物料领用模板分发记录,准确记账,进一步为基层党务人员减负。

通过对招商银行科技优势的综合运用,武汉分行实现了基层党建工作的信息化、流程化、数字化管理,极大提升分行党建管理工作效率,深度解决党务工作不会干、不想干的问题,真正解放基层党务生产力,激发党建实务新活力。

四、开放融合,以党建为引领服务社会

党建工作也是生产力,将党建与业务深度融合并创造效益,是党建工作的内在要求。招商银行武汉分行始终践行"以客户为中心、为客户创造价值"的文化理念,在党建实务中除持续提升党建信息化水平外,还同步以开放融合为抓手激发党员干部落实党建责任的内驱动力,强化宣传引导使基层党建工作由被动变主动,以实际行动服务社会。

为充分发挥与客户单位党组织的联动作用,实现双方在党建、文化、经营、管理等方面的互促共赢,招商银行武汉分行近年来积极响应总行号召,持续开展各类党建共建活动。2021年,武汉分行各级党组织开展共建交流共计80余次。通过充满仪式感的共建活动,共建双方深入沟通和交流,取长补短,加深了双方合作黏度,真正达到融合发展的

良好效果。

在产品服务方面,我们对外免费提供智慧党建云平台,将招商银行的金融科技优势与专业的党建管理能力、优质的客户服务有机结合,助力企事业单位党建数字化水平真正实现升级跃迁。截至目前,湖北地区乃至全国已有多家客户单位上线使用招商银行智慧党建云平台,并对应用体验给予充分肯定。

通过党建共建交流以及智慧党建云平台的输出,招商银行武汉分行持续激发基层党组织和党员干部的内驱力,让党组织和党员产生由内到外的使命感与责任感,为基层党建工作焕发生命力、转为生产力提供了重要抓手,真正解决党建与业务"两张皮"的问题,并充分践行了以党建引领服务社会的实效性。

展望未来,招商银行武汉分行将继续坚守初心使命,进化服务能力,牢牢把握党建数字化的抓手,通过持续提升信息化建设水平,不断探寻党建创新模式、激发基层党建活力,让科技为党建管理赋能增效保驾护航。

党员"1+N"新模式：
打通基层党建"最后一公里"

一、背景介绍

习近平总书记强调，基层党组织是贯彻党中央决策部署的"最后一公里"，不能出现"断头路"。国有建筑装饰企业具有项目多、工作强度高、人员结构复杂等特性，导致企业员工思想不稳定、流动性大，不利于企业健康长远发展。推动国有建筑装饰企业基层党组织党建全面进步、全面过硬，抓紧补齐基层治理各种短板，不断把党的政治优势、组织优势和群众工作优势转化为推动企业高质量发展的优势，持续激发基层党组织战斗堡垒作用和党员先锋模范带头作用发挥，真正打通基层党建"最后一公里"。2020年初，新冠疫情突发，中建东方装饰公司党委迅速出台了《关于疫情防控期间进一步发挥党员模范带头作用专项行动的通知》，正式提出党员"1+N"行动，确定"1"名党员结对3~6名群众，建立"支部带党员，党员带群众"的联系机制，彻底解决"最后一公里"路径问题。

二、主要做法

（一）抓好党员"1"的引领示范作用

一是构建合格党员评价模型。围绕党员思想建设、作风建设、履职要求、行为习惯等维度，总结提炼党员"八要八不要"行为清单，并将清单内容细化至具体管理行为，构建合格党员评价模型,对党员身份标准、履职行为、工作实绩等指标综合考察。每季度考评一次,由党支部、支部其他党员、结对群众三个群体进行评价,严格评价结果运用,激励合格党员,鞭策不合格党员,对考核优秀的党员授予"党员示范岗"。图1为"党员先锋队"授旗仪式现场照片。

图1 "党员先锋队"授旗

二是选树优秀党员典型。根据党员评级结果,综合党员日常表现,树立优秀党员典型,充分利用微信公众号、乐享东方等平台,对在党员"1+N"行动中涌现的先进人物、典型事迹、经验做法进行宣传报道,讲好一线党员故事,努力在全体党员中营造学习先进、崇尚先进、争当先进的浓厚氛围。

(二)搭建"+"的沟通反馈平台

一是明确党员群众结对机制。按照党员自身实际情况,建立分层分类结对机制。合格党员按照与群众"熟、近"原则,每名党员结对群众3~7人;新入职党员、尚不具备结对条件的党员,由合格党员进行结对。根据结对人员的组织关系、人事关系变动情况,建立结对台账,每季度动态调整,确保公司群众结对关系全覆盖。

二是畅通上下沟通传导渠道。党支部严格落实"三会一课"制度,以主题党日活动为载体,通过党员大会、座谈交流等组织形式,与群众交心谈话,协调解决实际问题,跟踪党员结对服务情况;在党员层面,保证每月与结对群众至少沟通联系一次,了解群众思想动态,学习党的先进理论,讲好公司形势政策,建立企业共同语境。如图2所示。

三是打造学习型党组织。围绕工作中存在的实际困难和问题,通过"1+N"组织形

图 2　项目临时党支部围绕党员"1＋N"行动目标开展行动学习

式,明确结对小组管理提升目标,从分析问题、确定目标、开展学习、采取行动、总结评估等方面,开展定期培训、实战演练和业务交流,推动企业管理升级和生产经营创效。如图3所示。

图 3　党支部积极落实"贯彻新理念,开展大学习、大讨论、大落实"开展阅读马拉松活动

(三)落实"N"的全面群众路线

一是切实解决群众问题。党支部建立"一卡一会"机制,线下设立"群众意见收集卡",线上开通"我为群众办实事电子意见箱",群众根据实际需要,提交意见建议,或提出

困难诉求,党支部对于群众上报信息予以及时反馈处理;在每季度的支部党员大会上,每名党员对结对服务情况进行汇报。

二是开展企业管理课题研究。党员牵头,围绕生产管理、市场营销、财务商务、综合职能、科技研发、专业设计等六大类主题切入,形成专项课题研究小组,共同参与企业管理、改革发展实践研究,全面提升企业治理管理能力。

三、工作成效

(一)着力破解"两张皮"难题

坚持以高质量党建引领高质量发展,促进党建工作与生产经营深度融合,打造有效工作载体,形成党建创新案例。①强学习,通过"1"的表率和带头作用,党员干部第一时间带领结对群众学习贯彻习近平总书记最新指示批示和党中央决策部署,发挥基层党组织阵地作用,分类压实党员"1+N"学习教育。②建体系,建立党员"1+N"结对图谱,做到43名党员全覆盖结对180名群众,组建43个结对小组,实现5000余次制度文件传达。③重应用,围绕企业"六大主线"切入主题,共享课题研究成果,选取"提升超高幕墙专业管理能力"等9个课题成果应用于企业运营管理,报送"南昌市民中心创新型索结构支承锯齿斜面点式玻璃幕墙的设计与施工"成果,荣获第三届建筑幕墙行业技术创新视频大赛一等奖。

(二)着力打通基层党建"最后一公里"

党委带支部,坚持问题导向,领导班子带头,部门深入项目一线,开展"围着转、带着干"专项工作,重点解决新开工项目实施策划、商务策划、在施项目里程碑节点管理、关键事项解决等问题,全面提高项目执行力。梳理项目关键事项8项、关键重点16项、关键节点21个,盘点项目30余个,分类落实整改措施120项,期末完成率100%。

支部带党员,规范开展组织生活,运用"两微一端",以"四史青春说""沉浸式教育"等新形式,调动党员参与活动积极性,做实360度积分测评,定期反馈,提高活力指数,全面提升组织力。筑牢"根""魂"优势,荣获"中国建筑抗击新冠肺炎疫情先进基层党组织"等省市级荣誉16项。

党员带群众,以"保履约、提效益、树文化"为主题,服务结对群众,助力生产经营,形成"我为群众办实事"清单33条,解决群众实际困难22个。关注员工思想动态,做好员工心理建设,保障员工流失率不高于3%,为建筑装饰行业人才流动建立思想屏障,增强组织凝聚力和号召力,真正打通基层党建"最后一公里"。

(三)着力激发"两个作用"发挥

注重提高党员同志为群众办实事的工作能力,善于寻找群众喜闻乐见的工作形式帮助群众、服务群众。以"幸福课堂""共生课堂"为抓手,建立员工共同语境,激发员工团结奋进高效执行的精神力量。在抗击疫情战斗中,彭中飞同志不畏艰险,勇担使命,带领党员突击队冲在一线,完成雷神山项目等8所战疫医院建设,涌现出"突击先锋""战疫奶爸""运输达人""巾帼设计师"等一大批先锋模范,被中建股份、中建装饰集团以及新华社、人民网、央视网、学习强国等央媒广泛报道。持续将"1"的作用发挥作为检验党员身份意识的"试金石",引导广大党员在急难险重中、在工作岗位上不断发挥先锋模范带头作用,切实把党支部建成战斗堡垒。图4为参建雷神山项目团队之合影。

图4　参建雷神山项目团队

四、感悟与启示

党员"1+N"行动创新基层党建工作模式,破解"两张皮"难题,打通党建"最后一公里",为激活党员身份意识、激发党员先锋模范带头作用和基层党组织战斗堡垒作用提供路径样板。全面系统推进党建工作与生产经营深度融合、打造党建工作平台载体,为"十四五"开好局、起好步提供组织保障。

参 考 文 献

[1] 修宗峰,冯鹏蒴,殷敬伟."党建入章"增强了企业对国家战略的响应力度吗?——基于我国A股企业参与乡村振兴的经验证据[J].外国经济与管理,2022(12):35-50.

[2] 刘一鸣,王艺明.民营企业党建与劳动生产率——一个政治经济分析[J].经济科学,2022(6):108-123.

[3] 黄杰,郑静.党建驱动慈善:民营企业中党组织的公益效应与机制研究[J].公共管理评论,2022(3):123-147.

[4] 李继元,汪方军,赵红升,等."党建入章"与企业成本粘性:基于党组织治理的解释[J].外国经济与管理,2021(10):21-34.

[5] 徐明.新时代国有企业党的建设创新研究:逻辑、问题和对策[J].理论视野,2020(3):65-71.

[6] 章高荣.组织同构与治理嵌入:党建何以促进私营企业发展——以D市J科技园企业党建为例[J].经济社会体制比较,2019(6):53-61.

[7] 李明伟,宋姝茜.新时代非公企业基层党组织建设质量提升探究[J].新视野,2019(5):99-105.

[8] 徐光伟,李剑桥,刘星.党组织嵌入对民营企业社会责任投入的影响研究——基于私营企业调查数据的分析[J].软科学,2019(8):26-31,38.

[9] 郝鹏.坚持用高质量党建引领中央企业高质量发展[J].人民论坛,2019(12):6-8.

[10] 刘刚.非公企业党建难点问题及其破解对策——基于河南省的调查与思考[J].中州学刊,2018(10):31-36.

[11] 何轩,马骏.党建也是生产力——民营企业党组织建设的机制与效果研究[J].社会学研究,2018(3):1-24,242.

[12] 党齐民.新时代非公企业党建新问题、新要求、新思路[J].毛泽东邓小平理论研究,2017(12):84-87.

[13] 党齐民.经济发展新常态下加强非公有制企业党建工作研究[J].理论学刊,2017(2):53-57.

[14] 周秀红,孔宪峰.国有企业党建与企业文化创新的共生效应[J].武汉理工大学学报(社会科学版),2011(2):164-168.

[15] 林尚立.阶级、所有制与政党:国有企业党建的政治学分析[J].天津社会科学,2010(1):53-58,82.

后　　记

党的十八大以来,习近平总书记提出要增强党的基层组织的政治功能,党的十九大报告提出"要以提升组织力为重点,突出政治功能",加强党的基层组织建设。《中共中央关于党的百年奋斗重大成就和历史经验的决议》指出,以提升组织力为重点,增强党组织政治功能和组织功能,树立大抓基层的鲜明导向,推动党的组织和党的工作全覆盖。自党的二十大召开以来,"增强党组织政治功能和组织功能"在实践层面得到明显增强。

企业党建在党的二十大报告与新党章中得到充分重视,为党的二十大召开后持续深入推进新时代党的建设指明方向。党的二十大报告在第一、三部分系统总结了全面从严治党和党的全面领导的成功经验,分析了近十年来存在的突出矛盾和问题以及目前依然存在的不足和困难,第十五部分全面系统阐述了深化全面从严治党新的战略部署。总体上看,党的二十大报告在总结党的建设经验上有新提法、在剖析问题上有新发现、在战略部署上有新要求,预示未来我国企业党建工作的新趋势与新重点。

党的二十大报告在"增强党组织政治功能和组织功能"部分有这样的表述:"推进国有企业、金融企业在完善公司治理中加强党的领导,加强混合所有制企业、非公有制企业党建工作,理顺行业协会、学会、商会党建工作管理体制。"新修改的中国共产党章程第五章"党的基层组织"第三十三条指出:"国有企业党委(党组)发挥领导作用,把方向、管大局、保落实,依照规定讨论和决定企业重大事项。国有企业和集体企业中党的基层组织,围绕企业生产经营开展工作。保证监督党和国家的方针、政策在本企业的贯彻执行;支持股东会、董事会、监事会和经理(厂长)依法行使职权;全心全意依靠职工群众,支持职工代表大会开展工作;参与企业重大问题的决策;加强党组织的自身建设,领导思想政治工作、精神文明建设、统一战线工作和工会、共青团、妇女组织等群团组织。"

由此可见,党的二十大报告强调"完善公司治理中加强党的领导",范围定在国有企业、金融企业上,表明这两类企业是重点。党是领导一切的,国有企业各个治理层级都不例外。在完善公司治理中加强党的领导,可能会向基层企业延伸到底。习近平总书记指出:"坚持建强国有企业基层党组织不放松,确保企业发展到哪里、党的建设就跟进到哪里、党支部的战斗堡垒作用就体现在哪里。"

观察研究基层党建在企业建设发展过程中发挥的作用是编著此书的重要出发点。全书共划分为三个篇章,包括企业党建品牌类、企业党建创新类、企业党建特色类,每个篇章都提供了十分详细具体的党建项目思路、实践案例内容和相关活动图片,为读者展现了湖北省全省范围内不同类型的企业党建发展现状及党建特色,为相关研究者提供了丰富的研究素材。

感谢长飞光纤光缆股份有限公司、中建铁路投资建设集团有限公司、中建三局一公司、中铁大桥局、国网潞州区公司、湖北交投鄂西北运营公司、湖北交投随岳运营公司、中国一冶交通公司、国药集团中联药业有限公司、中建铁路工程总承包公司、中建三局城建有限公司、武汉博宏建设集团有限公司、汉阳市政维修一队支部、天风证券公司、中德华建工程技术集团有限公司、光谷生物城、湖北交投鄂西北高速公路运营管理有限公司、中建三局三公司、招商银行武汉分行、国有建筑装饰企业等多家企业向我们提供的相关党建案例、活动图片、宣传报道等资料，为研究团队对于书稿的梳理和编辑提供了丰富的基础素材和写作思路。感谢以上公司党建的相关负责人，全书丰富生动的案例图片离不开这些党建负责人的积极配合与协助。

此书编写出版得益于我带领的青年教师研究团队（吕宏山、潘博、王锐、江文路、翁俊芳、覃愿愿）和我指导的硕博研究生学生团队（杨可心、董芮、刘鸣、陈彤彤、龙启航、杨雨婷、颜瑞华等），他们积极参与华中科技大学马克思主义学院开展的基层党建主题系列调研活动、会议讲座及相关写作，为新时代中国式现代化基层党建实践丛书付出大量的时间与精力。其中，我指导的研究生杨可心主要负责整理汇编此书的相关资料与相关信息，此书的最终出版他功不可没。

不仅如此，还要感谢中建三局第一建设工程有限责任公司党委副书记李竹、湖北能源集团新能源发展有限公司党群部主任李伟、中国银行湖北省分行党群部副总经理卢光耀、中国一冶集团党群部部长丁仕均、中国华能集团华中分公司党群部主任张石磊、中国葛洲坝集团有限公司党群部副部长戴启昌、国电长源电力股份有限公司党群部主任彭飞、宏泰集团党群部主任华慧春、武汉地铁集团党群部部长王桂苹、武汉地铁集团党群部陈立、中国邮储银行湖北省分行党群部科长汤丽娜、中国邮储银行湖北省分行党群部主管许秀梅、中国交通银行湖北省分行党建部部长况水平、招商银行武汉分行党团工作室主管李绍杰、招商银行武汉分行战略客户部团队总经理赵欣、招商银行武汉分行战略客户部团队副总经理邓志磊、进出口银行党务部熊伟强、众邦银行党务部汤晓月、众邦银行党务部许承锴、华夏银行党务部总经理史果、中国核工业第二二建设有限公司党群工作部主任汪迪、中国核工业第二二建设有限公司党群工作部主管庞锦绣、中铁武汉电气化局党建工作部部长张陕峰、湖北能源集团鄂州电厂党群部高级主管庄健、湖北能源集团鄂州电厂党群部党建专责黄晨、国能长源能源销售有限公司党支部书记潘承亮、中建三局第一建设工程有限责任公司党群部负责人韩笑、中建三局第二建设工程有限责任公司党建工作部部长程莞茹、中建三局第二建设工程有限责任公司党建工作部业务经理张小丹、中建三局安装公司（智慧事业部）党建工作部部长助理谢定军、中建三局安装公司（智慧事业部）智能公司办公室业务经理黄鹤等相关国企工作人员的热情参与和鼎力支持，他们在 2022 年华中科技大学马克思主义学院主办的新时代党的建设创新实践学术研讨会上对于国有企业党建发展建言献策，为我们研究团队开展专题写作提供了丰富的基础性素材和创新性的启发思路，为我们后续开展深度研究打下良好的合作基础与实践基础。

党的二十大报告提出深入推进新时代党的建设新的伟大工程,"全党必须牢记,全面从严治党永远在路上,党的自我革命永远在路上,决不能有松劲歇脚、疲劳厌战的情绪,必须持之以恒推进全面从严治党,深入推进新时代党的建设新的伟大工程,以党的自我革命引领社会革命。"我们研究团队积极学习贯彻党的二十大精神,关于新时代中国式现代化基层党建的实践发展研究也"永远在路上"!